Klaus Reischle, Markus Buchner,
Klaus Rudolph & Christian Roder

SwimStars

Schwimmen lernen und Techniktraining optimieren

Das dsv-Schwimmhandbuch

Niels Bouws & Jürgen Greve
Idee und Herausgeber

SwimStar

Bibliografische Information der Deutschen Nationalbibliothek
Die Deutsche Nationalbibliothek verzeichnet diese Publikation in der Deutschen Nationalbibliografie; detaillierte bibliografische Daten sind im Internet über http://dnb.d-nb.de abrufbar.

Bestellnummer 6194

Das neue deutsche
Schwimmlernprogramm

SwimStars
www.swimstars.de

4. Auflage 2022

www.hofmann-verlag.de

Text: Dr. K. Reischle, Dr. M. Buchner, Dr. K. Rudolph und Chr. Roder
Fotos: W. Fogel
Filme: Dr. M. Buchner und Dr. K. Reischle

Druck und Verarbeitung: AALEXX Druck Produktion, Burgwedel

Printed in Germany · ISBN 978-3-7780-6194-7

Klaus Reischle, Markus Buchner,
Klaus Rudolph & Christian Roder

SwimStars

Schwimmen lernen und Techniktraining optimieren

Das DSV-Schwimmhandbuch

Niels Bouws & Jürgen Greve
Idee und Herausgeber

„It takes a village to raise a child"
Afrikanisches Sprichwort von Igbo und Yomba (Nigeria)

SwimStars GmbH & Co. KG
Tel.: +49 (0) 30-88 71 50 69-6
Fax: +49 (0) 30-88 71 50 69-9

Action Sports Sportartikel GmbH
Carlo-Schmid-Straße 11
52146 Würselen
E-Mail: info@swimstars.de
Home: www.swimstars.de

Deutscher Schwimm-Verband e.V.
Korbacher Straße 93
34132 Kassel
Tel.: +49 (0) 561-94083-0
Fax: +49 (0) 561-94083-15
E-Mail: info@dsv.de
Home: www.dsv.de

Geleitwort

Schwimmen gehört zu den beliebtesten Freizeitbeschäftigungen. Woher diese Freude am Wasser und Schwimmen – quer durch alle Bevölkerungsschichten – kommt, lässt sich nicht nur erahnen, sondern auch begründen. Es ist die belebende und erfrischende Wirkung des Wassers, aber auch der Spaß an den gleitenden, fast schwerelosen Bewegungen in diesem Element. Und wichtig ist auch das Gefühl, das Wasser nicht nur hautnah zu spüren, sondern dieses Element sogar zu beherrschen.

Für Nichtschwimmer kann Wasser allerdings gefährlich sein. Der Deutsche Schwimm-Verband hat sich aus dieser Erkenntnis heraus schon vor Jahren das Ziel gesetzt, über die Arbeit der im DSV organisierten Vereine hinaus, durch die Kooperation mit – und die Arbeit in – den Schulen zu erreichen, dass kein Kind die Grundschule verlässt, ohne Schwimmen gelernt zu haben. Auch wenn dieses Ziel sehr hoch gesteckt ist und vielleicht kaum erreicht werden kann, lohnt es sich allemal, es anzustreben. Es kommt hinzu, wie der letzte DSB-Präsident, Manfred von Richthofen, 2004 beim Verbandstag des DSV feststellte, dass die Zahl der wirklich fachlich entsprechend ausgebildeten Sportlehrer immer weiter abnimmt, während die Zahl der Ertrinkungsfälle bei Kindern in den letzten Jahren dramatisch zugenommen hat. Manfred von Richthofen forderte, „... wir brauchen das Grundrecht auf Schwimmen"!

Der DSV hat deshalb zusammen mit führenden deutschen Sportwissenschaftlern und Bundestrainern die SwimStars als modernes Schwimmlern-Programm entwickelt. Denn: Nur wer technisch richtig schwimmen lernt, hat sein Leben lang Spaß an diesem Sport und schwimmt dann auch häufiger, weil er sich mit Methode das Schwimmen als seinen individuellen Gesundheits- und „lifetime" Sport erschlossen hat.

Das vorliegende Handbuch gibt den Lehrkräften viele wichtige und praktische Hinweise für den Schwimmunterricht.

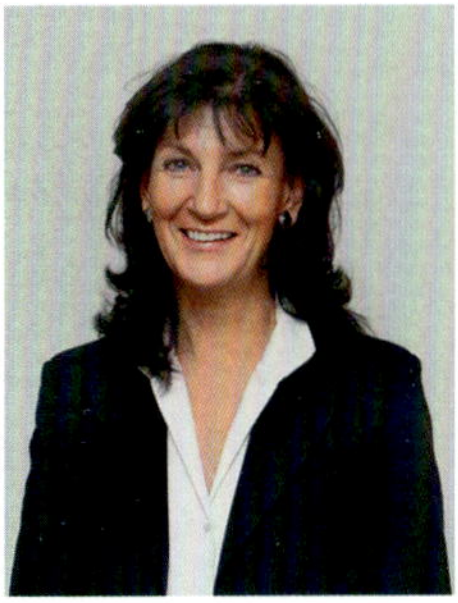

Dr. Christa Thiel
Präsidentin des Deutschen
Schwimmverbandes e. V.

Vorwort

Das Wasser motiviert zu vielseitigen und vielsinnigen Aktionen, denn Wasser ist eine Bewegungssituation,

⇛ an die sich Schwimmschüler erst gewöhnen müssen,
⇛ in der und mit der gespielt werden kann,
⇛ in der Leistungsschwimmer ihre eigenen Möglichkeiten ausloten, Schwimmschüler die äußeren Bedingungen erkunden können,
⇛ die Schwimmschüler und Leistungsschwimmer zur Bewältigung herausfordert,
⇛ in der sich Schwimmschüler und Leistungsschwimmer vergleichen,
⇛ in der mit leistungssportlichen Zielstellungen trainiert werden kann,
⇛ in der neue Bewegungsabläufe gelernt und geübt werden.

Das DSV-Schwimmhandbuch vermittelt den Lehrern aller Schultypen, den Übungsleitern und Trainern der Vereine Anleitungen zum Schwimmenlernen und Vorgaben zum Technik- und zum disziplinspezifischen Koordinationstraining. Die sportliche Karriere eines Schwimmers, vom Anfänger bis zum Leistungsschwimmer, inhaltlich zu modularisieren, ist die zündende Grundidee der Herausgeber Niels Bouws und Jürgen Greve.

Zu jedem der 11 Bausteine bzw. der 11 SwimStars werden jeweils 5 erreichbare SwimStars-Zielstellungen formuliert. Die Trainer, Lehrer, Eltern und vor allem die Schwimmschüler orientieren sich beim Lehren und Lernen nach der SwimStars-Methodik an erreichbaren Teillernzielen, d. h., die SwimStars-Strategie orientiert und motiviert. Die Bewältigung der den Zielstellungen zugeordneten Anforderungen wird dann jeweils mit einem Star belohnt. Für jede SwimStar-Stufe, vom SwimStar Grün bis zum SwimStar Lagen, können Lehrer, Übungsleiter, Trainer und Schwimmer zieladäquate Übungsformen auswählen, die ein vorteilhaftes, abwechslungsreiches und dem jeweiligen Niveau angepasstes Technik- und Koordinationstraining garantieren.

Das DSV-Schwimmhandbuch liefert also Orientierungen für die Lehrenden und die Schwimmer, die nach dem pädagogischen Prinzip „vom Einfachen zum Schwierigen" geordnet sind.

Die „Schwimmschüler" fühlen sich, nachdem die SwimStars Grün, Türkis, Blau, Schwarz und Rot endlich ihre Badehose oder ihren Badeanzug schmücken, in der zuvor noch fremden Bewegungssituation Wasser zu Hause. Die Anforderungen des darauf aufbauenden SwimStars Gold sind wiederum Lernvoraussetzungen, um die SwimStars Kraul, Rücken, Brust, Schmetterling und Lagen zu bewältigen.

Mit dem SwimStars-Konzept werden die Schwimmschüler 11-mal herausgefordert und 11-mal mit einem Erfolgserlebnis belohnt.

Den 5 Zielstellungen jeder SwimStar-Stufe sind adäquate Technikmerkmale, Technikfehler, Technikübungen, Korrekturübungen, Koordinationsübungen und ein Konditionstraining mit ausgewählten Trainingsvorschlägen zugeordnet. Jede SwimStar-Stufe ist außerdem mit TopTipps garniert. Schwerpunkt ist eindeutig das Schwimmenlernen, das Technik- und Koordinationstraining und nicht das Training der konditionellen Fähigkeiten.

Die nachfolgende Tabelle liefert dem Leser eine erste Orientierung darüber, wie sich im dsv-Schwimmhandbuch die Inhalte ergänzen. Die 500 Übungsformen, 70 Abbildungen, Online-Videos (www.swimstars.de/zusatzmaterial/), die SwimStar-Abzeichen und SwimStar-Urkunden machen es den Lehrenden leicht, ihren Schwimmern angemessene und damit wirksame und motivierende Tipps zu geben.

Inhalte des dsv-Schwimmhandbuches

Einleitende Kapitel	• Didaktische Aspekte des Schwimmens • Lernstufen • Koordinationstraining • TopTipps
Schwimmen lernen/Schwimmarten lernen/Technik trainieren SwimStars Grün, Türkis, Blau, Schwarz, Rot, Gold	• Lernstufen jeweils mit 5 Lernzielen • TopTipps • Abbildungen, Filme
Technik optimieren SwimStars Kraul, Rücken, Brust, Schmetterling und Lagen	• Niveauspezifische Technikübungen • Niveauspezifische Technikmerkmale und Technikfehler • Korrekturmaßnahmen • Niveauspezifische Koordinationsübungen • Niveauspezifisches Konditionstraining • TopTipps

Abkürzungen, die im Text auftauchen, sind auf dem hinteren Buchdeckel in einer leicht zugänglichen Übersicht zusammengestellt. Zusätzlich zu den Abkürzungen findet der interessierte Leser im Glossar (s. Anhang B) einige zentral wichtige Begriffsdefinitionen.

Die Autoren bedanken sich bei den Herausgebern Niels Bouws und Jürgen Greve, die mit ihren Vorgaben und sachkritischen Anmerkungen wesentlich zum Gelingen des dsv-Schwimmhandbuches beigetragen haben. Für die stringente redaktionelle Bearbeitung der Satzseiten und für die sachkundigen Anmerkungen bedanken sich Verlag, Herausgeber und die Autoren bei Frau Michaela Mallwitz. Dank gilt außerdem Frau Ana Fernández und Herrn Jörg Tochtermann vom Hofmann-Verlag, die uns in allen verlagstechnischen Belangen kompetent, engagiert und bereitwillig unterstützt haben. Herr Walter Fogel hat einmal mehr mit seinem fotografischen Können und seinen sportpraktischen Erfahrungen die Bewegung im und unter Wasser treffend und ästhetisch abgebildet. Wir danken vor allem auch Christiane Unger, Sabine Ermel und Philipp Furley, die tatkräftig zur Realisierung des Buches und der Filmsequenzen (www.swimstars.de/zusatzmaterial/) beigetragen haben. Frau Carola Flämigs Vorschläge aus der Marketingperspektive waren ein wertvoller Beitrag zum Gesamtkonzept des dsv-Schwimmhandbuches.

Die beiden Autoren bedanken sich bei allen Beteiligten für die intensive und freundschaftliche Zusammenarbeit, die sich über zwei Jahre entwickelt hat.

Das Motto des SwimStars-Konzeptes lautet: „Erfolg und Spaß im Nass".

Dr. Klaus Reischle und Markus Buchner
Heidelberg, Januar 2008

Vorwort zur 2. Auflage

Die erschreckend hohe Zahl an Nichtschwimmern im Grundschulalter,[1] 53% der Grundschüler Baden-Württembergs (Klasse 2) können nicht bzw. nicht sicher schwimmen, war u. a. für die Autoren Motivation am SwimStars-Konzept, das von den Herausgebern (J. Greve und N. Bouws) bereits Mitte der 90er Jahre entwickelt wurde, mitzuarbeiten. Des Weiteren soll das Programm die Schüler motivieren die Schwimmarten Kraul, Rücken, Brust und Schmetterling zu lernen und in den Vereinen am Schwimmtraining teilzunehmen. Die sportliche Karriere eines Schwimmers, vom Schwimmanfänger bis zum Leistungsschwimmer zu modularisieren, war die zündende Grundidee der Herausgeber Niels Bouws und Jürgen Greve. Die Idee der Herausgeber wurde von den Autoren Dr. K. Reischle, Dr. M. Buchner und Dr. K. Rudolph, orientiert am jeweiligen Adressatenkreis, umgesetzt.

Das dsv-Schwimmhandbuch, u. a. mit 11 x 5 SwimStars-Anforderungen, vermittelt den Lehrern aller Schultypen, den Übungsleitern und Trainern der Vereine Anleitungen und Zielstellungen für den Schwimmunterricht und das Schwimmtraining.
Mit der SwimStars-Methode wird ein Programm für sicheres und technisch richtiges Schwimmen angeboten. Die drei Stufen der SwimStars-Methode, die methodisch aufeinander aufbauen, sind: „Schwimmen lernen" und Grobkoordination R, K, BAr lernen (SwimStar Grün, Türkis und Blau), „Schwimmarten lernen" (SwimStar Schwarz, Rot und Gold) und die „Technikoptimierung" (SwimStar Kraul, Rücken, Brust und Schmetterling).

Vorrangige Zielstellung der Lehr- und Lernstufe „Schwimmen lernen": Angstfrei u. a. mit dem „Hubschrauber", dem „Raddampfer", dem „Ruderboot" ohne Schwimmhilfen kurze Strecken schwimmen und stufenspezifische koordinative Anforderungen bewältigen. Motto: „Viel Spaß im Nass"!

Vorrangige Zielstellung der Lehr- und Lernstufe „Schwimmarten lernen": Zunächst die Grobform und dann die Feinform der vier Schwimmarten lernen, stufenspezifische koordinative Anforderungen und mit einer Schwimmart eine längere Strecke bewältigen. Motto: „Wir schwimmen sicher"!

Vorrangige Zielstellung der Lehr- und Lernstufe „Technik optimieren": Die Schwimmarten individualisieren, stufenspezifische koordinative Anforderungen bewältigen sowie die konditionellen Fähgkeiten der einzelnen Schwimmarten verbessern. Motto: „Wir schwimmen richtig und schnell"!

---

[1] Die Erhebung wurde im Schuljahr 2008/2009 vom Institut für Sport und Sportwissenschaft der Universität Heidelberg (Dr. K. Reischle) durchgeführt. Stichprobe: 1151 Grundschulen (Baden-Württemberg).

Der SwimStars-Text, die TopTipps, die über 500 Übungsformen, die beigefügte CD, die SwimStars-Abzeichen und -Urkunden wurden für die 2. Auflage intensiv überarbeitet und aktualisiert.

Die Autoren bedanken sich bei allen Beteiligten, für die differenzierten Anregungen und sachkundigen Diskussionsbeiträge, die die Überarbeitung der ersten Auflage erleichterten. Unser besonderer Dank gilt Frau Christine Köhler für die fachkundigen Ratschläge und die zügige Bearbeitung der 2. Auflage des „SwimStars"-Handbuches.

Dr. Klaus Reischle, Dr. Markus Buchner und Dr. Klaus Rudolph
Heidelberg und Rostock, Frühjahr 2011t

Vorwort zur 3. Auflage

Die in den ersten beiden Auflagen des SwimStars-Handbuches vorgestellten Lernziele, Lerninhalte, Lernverfahren und die – unter Berücksichtigung des SwimStars-Konzeptes – systematisch zugeordneten Übungssammlungen sind effektiv und u. a. deshalb nach wie vor aktuell. Die zahlreichen Rückmeldungen der Sportlehrer, Schwimmtrainer und Übungsleiter, die sich am SwimStars-Konzept orientieren, ermutigt zu dieser Aussage.

Das stringente, didaktisch und lerntheoretisch sinnvolle Stufenkonzept (→ 11 SwimStars) berücksichtigt das Prinzip „vom Einfachen zum Schweren" ist theoriebezogen und hat sich in der Trainings- und Unterrichtswirklichekit bewährt.

Die Autoren hoffen, dass das SwimStars-Konzept dazu beiträgt, die nach wie vor viel zu hohe Anzahl an Nichtschwimmern (53% in Klasse 2 der Grundschulen) entscheidend zu reduzieren. Darüber hinaus wünschen sich die Autoren, dass möglichst viele Schwimmschüler, angeregt durch die SwimStars-Didaktik, „Spaß am Nass" finden werden. Der dritten Auflage ist keine CD mehr beigefügt, vielmehr können weitere Inhalte – Übungsformen in Form von Filmen – von den interessierten Lesern unter www.swimstars.de abgerufen werden. Die Autoren bedanken sich bei den Verantwortlichen des Hofmann-Verlages für die kompetente Beratung und die reibungslose Zusammenarbeit.

Dr. Klaus Reischle, Dr. Markus Buchner, Dr. Klaus Rudolph und Christian Roder
Heidelberg, im Sommer 2016

Inhaltsverzeichnis

Theorie an der Praxis orientiert

1 Lernerfolge mit SwimStars belohnen

1.1 Erfolg und Spaß im Nass: Die Bewegungssituation Wasser

Die Körpererfahrungen und Bewegungserfahrungen sind beim Tiefschneefahren, beim Volleyballspiel, beim Joggen und beim Lernen der Schwimmarten spezifisch, d. h. nicht austauschbar und jeweils sinnvoll. Das Wasser motiviert, vergleichbar mit dem Tiefschneefahren, zu vielseitigen und vielsinnigen Aktionen, denn Wasser ist eine Bewegungssituation,

- ⇛ an die sich Kinder erst **gewöhnen** müssen,
- ⇛ in der und mit der **gespielt** werden kann (vgl. Abb. 1)
- ⇛ in der Schwimmschüler die äußeren Bedingungen **erkunden** können und Leistungsschwimmer ihre eigenen Möglichkeiten **ausloten,**
- ⇛ die Schwimmschüler und Leistungsschwimmer zur **Bewältigung** herausfordert,
- ⇛ in der sich Schwimmschüler und Leistungsschwimmer **vergleichen,**
- ⇛ in der mit leistungssportlichen, präventiven oder rehabilitativen Zielstellungen **trainiert** werden kann,
- ⇛ in der neue Bewegungsabläufe **gelernt** und **geübt** werden und in der Teilbewegungen **miteinander gekoppelt** werden.

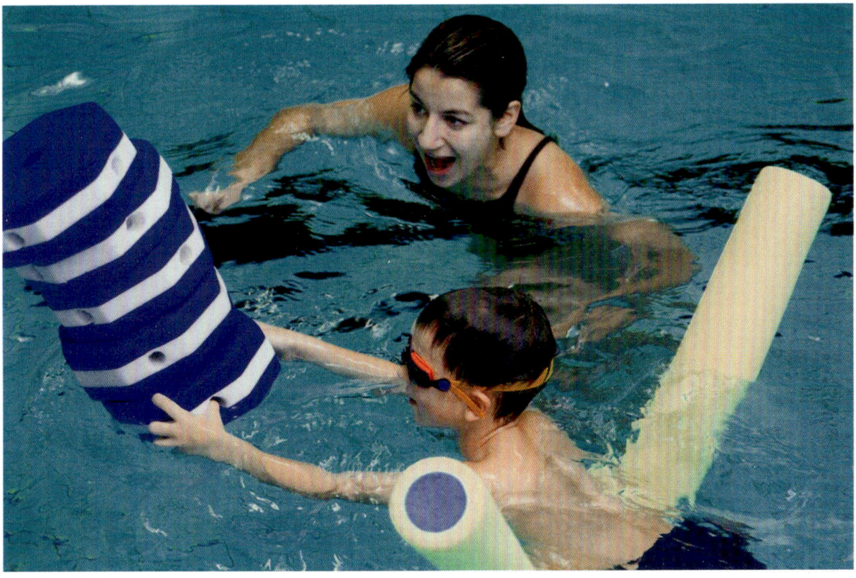

Abb. 1 Mit Materialien im Wasser spielen. Anmerkung: Wir empfehlen eine Schwimmbrille nur für das Schwimmtraining (Ausnahme: gesundheitliche Probleme)

1.2 Ein vielfältiges Bewegungsangebot garantiert Erfolg: Ziele, Inhalte und Vermittlungsverfahren

Die Fragen **Wozu? Wann? Womit? Wie?** sind Orientierungen für Übungsleiter, Trainer und Lehrer.

Wozu?

Folgende Bewegungs- und Sozialerfahrungen können u. a. in der Bewegungssituation Wasser, direkt oder indirekt, vermittelt werden:

⇛ **Bewegungserfahrungen, Körpererfahrungen und Erfolgserlebnisse (Abb. 2)** werden bei der Wassergewöhnung, beim Schwimmenlernen, bei der Bewältigung neuer Situationen, beim Lernen der 4 Schwimmarten oder beim Trainieren vermittelt.

Beispiele:

- Beim ersten Sprung ins Wasser und bei den ersten „Schwimmzügen" im Tiefwasser.
- Beim Kraulschwimmen, wenn nach einer mehr oder weniger langen Lernepisode locker und entspannt eine 400-m-Strecke bewältigt wird.
- Beim 50-m-Sprint oder beim 400-m-Lagenschwimmen.
- Bei den rhythmischen Delfinaktionen.
- Beim Schnorcheln oder Tauchen im Meer.
- Beim Schwimmen im Fluss, See oder Meer.

⇛ **Sozialerfahrungen und Erfolgserlebnisse,** die beim Schwimmen, Springen und Spielen mit Gleichgesinnten (vgl. Abb. 3), vermittelt werden.

Beispiele:

- Schwimmschüler helfen Mitschülern die Rückenlage zu bewältigen.
- Schüler schwimmen und spielen zusammen im Frei- oder Hallenbad.

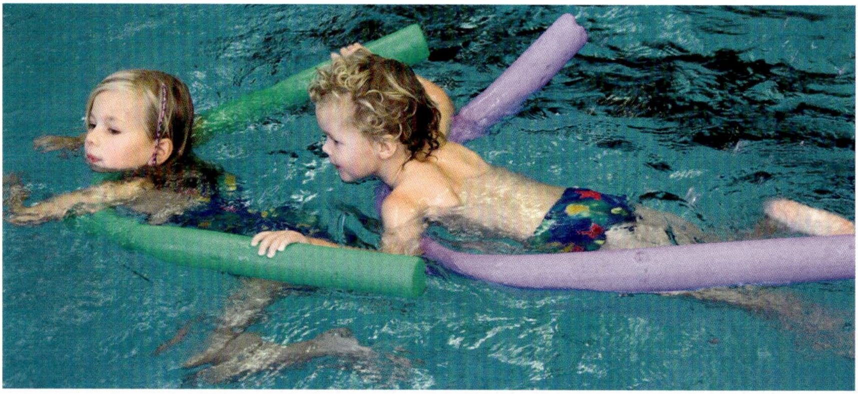

Abb. 2 Bewegungsvielfalt ist Trumpf, Bewegungs- und Körpererfahrungen sammeln

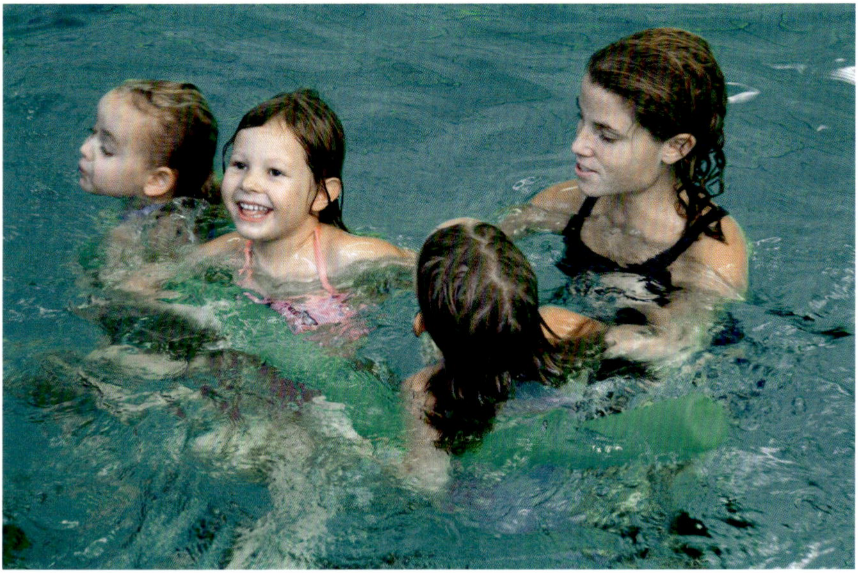

Abb. 3 Sozialerfahrungen sammeln

Wann? Wozu?

Die Fertigkeiten, die bei den **SwimStars Grün, Türkis, Blau** gefordert werden, sind Lernvoraussetzungen für die nachfolgenden **SwimStars,** denn die „Schwimmschüler" fühlen sich, nachdem die **SwimStars Grün, Türkis, Blau** endlich ihre Badehose oder ihren Badeanzug schmücken, in der zuvor noch fremden Bewegungssituation Wasser zu Hause. Diese Erfolgserlebnisse stärken das Selbstbewusstsein und motivieren die Schwimmschüler, die etwas schwierigeren Anforderungen der nachfolgenden **SwimStars** ebenfalls zu meistern, d. h. jede **SwimStar-Aufgabe** ist eine attraktive Herausforderung, die es zu bewältigen gilt.

Wie?

Belohnungen motivieren

Die Attraktivität der **SwimStars-Methode** ist für Schwimmschüler, Übungsleiter, Trainer und Lehrer offensichtlich, denn

⇛ die **Lernschritte** zwischen den **SwimStars** sind angemessen groß, d. h. sie überfordern oder unterfordern nicht,

⇛ die vorgeschlagenen Übungsformen sind nach dem didaktischen Prinzip **„vom Einfachen zum Schwierigen"** geordnet,

⇛ die 5 Anforderungen pro **SwimStar** motivieren und orientieren,

⇛ die Übungsformen garantieren **Bewegungsvielfalt,**

⇛ die **Lernziele** sind über die Anforderungen der **SwimStars** klar vorgegeben,

- ⇛ die **Lernerfolge** werden mit insgesamt 11 Urkunden, in die nach jeder bewältigten Testaufgabe **SwimStars** gestempelt werden, und mit 11 **SwimStar-Abzeichen** belohnt,
- ⇛ die jeweilige **Urkunde** und das jeweilige **Abzeichen** wird den Schwimmschülern vom Schwimmlehrer, Übungsleiter oder Trainer überreicht, wenn jeweils jede der 5 **SwimStar**-Anforderungen (vgl. Tab. 1) von den Schwimmschülern bewältigt wird.

Tab. 1 SwimStars-Anforderungen

Schwimmen lernen (→ Raddampfer, Ruderboot, Hubschrauber) **(Grobkoordination R, K, BAr)**	
SwimStar Grün 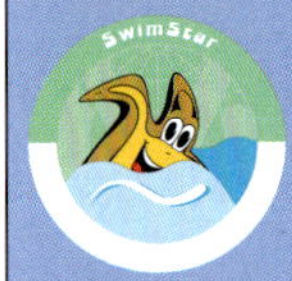	In **Bauchlage** im bauchtiefen Wasser von der Beckenwand weg (mit Hechtschießen starten) und zur Beckenwand hin (mit Delfinschießen starten) gleiten.
	In **Rückenlage** im bauchtiefen Wasser von der Beckenwand weg (mit Hechtschießen starten) und zur Beckenwand hin (mit Delfinschießen starten) gleiten.
	Aus dem Stand vom Beckenrand **Fußsprung** ins brusttiefe **Wasser.**
	Kopf unter Wasser und große **Blasen „blubbern".**
	Im bauchtiefen Wasser hochspringen und sich auf den **Beckenboden hocken.**
SwimStar Türkis 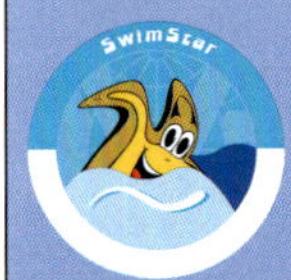	**Raddampfer** (>3 m).
	Ruderboot (>3 m).
	Hubschrauber (>3 m).
	Delfinsprünge vorwärts, rückwärts und seitwärts mit kurzen Gleitphasen.
	Nach einem Delfinsprung 3 m mit Kraulbeinschlag **tauchen.**
SwimStar Blau 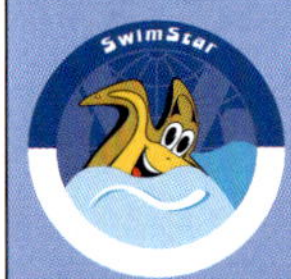	**Hockschwebe** in Bauchlage und Ausatmung – Streckschwebe in Bauchlage und Einatmung – Hockschwebe ... (3 × wiederholen).
	Abfaller vorwärts aus einer Hockposition (Arme in Vorhalte).
	5 m **Rücken** schwimmen.
	5 m **Kraul** (Gesicht bleibt noch im Wasser, d. h. noch ohne regelmäßige Ein- und Ausatmung) schwimmen.
	Hechtschießen und dann mit **Brustarmbewegung** schwimmen (>3 m).
Schwimmarten lernen (→ Grobkoordination B, S und Feinkoordination R, K, B, S)	
SwimStar Schwarz 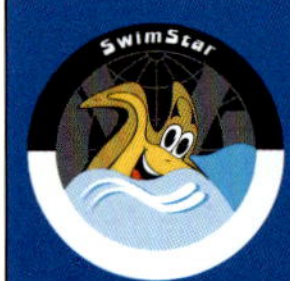	**Kopfsprung** vom Beckenrand und >5 m gleiten (Arme in Vorhalte).
	Nach Abstoß unter Wasser mit **Delfinbewegungen** schwimmen (>5 m).
	Kraul mit regelmäßiger Ein- und Ausatmung schwimmen (>10 m).
	Rücken mit regelmäßiger Ein- und Ausatmung schwimmen (>10 m).
	Brustbeinschlag in Rückenlage (Hände paddeln neben den Hüften) und in Bauchlage (Arme in Vorhalte und Gesicht im Wasser) schwimmen (>5 m).

SwimStar Rot 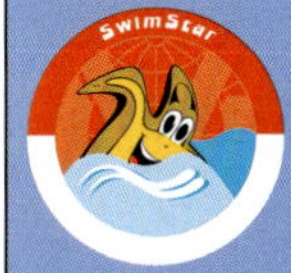	Kopfsprung und 50 m Kraul mit regelmäßiger Ein-/Ausatmung schwimmen.
	Abstoß von der Wand in Rückenlage (kurze Gleitphase unter Wasser und Arme in Vorhalte) und 25 m Rücken schwimmen.
	Kopfsprung und 50 m Brust mit einer Gleitphase pro Zyklus und regelmäßiger Ein-/Ausatmung schwimmen.
	Kopfsprung und 3 Delfinaktionen mit Flossen unter Wasser und >10 m Schmetterling mit Flossen schwimmen.
	25 m Brust schwimmen und 3 × eine Rolle vorwärts ausführen.
SwimStar Gold 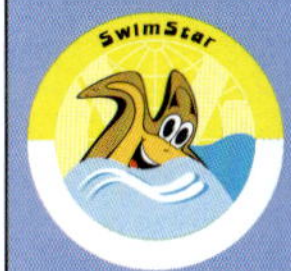	Startsprung vom Block und 400 m Kraul schwimmen.
	Startsprung vom Block und 200 m Brust schwimmen.
	Startsprung vom Block und 50 m Schmetterling schwimmen.
	Rückenstart und 200 m Rücken schwimmen.
	Rollwende Rücken und Rollwende Kraul mit 3 Delfinbewegungen nach dem Abstoß.
Technik optimieren	
SwimStar Kraul 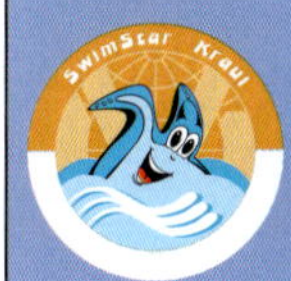	Die Schwimmart Kraul muss technisch korrekt ausgeführt werden (≥10 Punkte bei Fremdkontrolle mit der Checkliste).
	25-m-Sprints mit korrektem Start und mit Delfinbewegungen bis 15 m und mit korrektem Finish.
	15 m vor der Wendewand anschwimmen, Rollwende und Abstoß mit Delfinbewegung bis 15 m.
	5 Kraul-Koordinationsübungen demonstrieren.
	400 m Kraul mit Tempospiel (= Steigerung der Zyklusfrequenz pro Bahn).
SwimStar Rücken 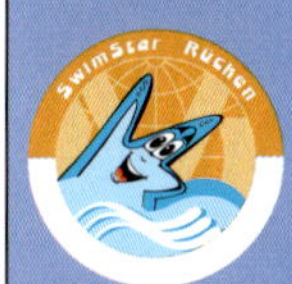	Die Schwimmart Rücken muss technisch korrekt ausgeführt werden (>10 Punkte bei Fremdkontrolle mit der Checkliste).
	25-m-Sprint mit korrektem Start und mit Delfinbewegungen bis 15 m und mit korrektem Finish.
	15 m vor der Wendewand anschwimmen, Rollwende und Abstoß mit Delfinbewegungen bis 15 m.
	5 Rücken-Koordinationsübungen demonstrieren.
	200 m Rücken mit Tempospiel (= Steigerung der Zyklusfrequenz pro Bahn).
SwimStar Brust 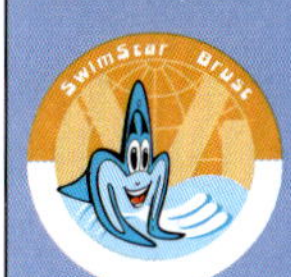	Die Schwimmart Brust muss technisch korrekt ausgeführt werden (≥10 Punkte bei Fremdkontrolle mit der Checkliste).
	25-m-Sprint mit korrektem Start und mit Tauchzug bis 15 m und mit korrektem Finish.
	15 m vor der Wendewand anschwimmen, Wende und Abstoß mit Tauchzug (mit Delfinkick).
	5 Brust-Koordinationsübungen demonstrieren.
	200 m Brust mit Tempospiel (= Steigerung der Zyklusfrequenz pro Bahn).

SwimStar Schmetterling 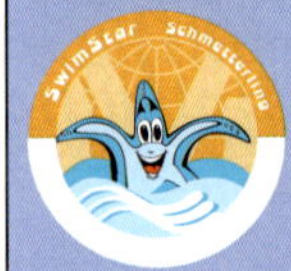	Die Schwimmart Schmetterling muss technisch korrekt ausgeführt werden (≥10 Punkte bei Fremdkontrolle mit der Checkliste).
	25-m-Sprint mit korrektem Start und mit Delfinbewegungen bis 15 m und mit korrektem Finish.
	15 m vor der Wendewand anschwimmen, Wende und Abstoß mit Delfinbewegungen bis 15 m.
	5 Schmetterling-Koordinationsübungen demonstrieren.
	200 m Schmetterling mit Tempospiel (= Steigerung der Zyklusfrequenz pro Bahn).
SwimStar Lagen 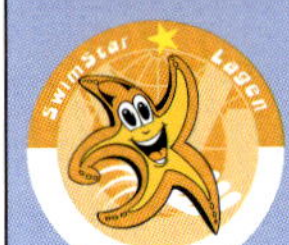	Die 4 Schwimmarten müssen technisch korrekt ausgeführt werden (≥10 Punkte bei Fremdkontrolle mit der Checkliste).
	Korrekter Schmetterlingstart mit Delfinbewegungen bis 15 m schwimmen.
	3 Lagenwenden korrekt ausführen.
	- 15 m anschwimmen und Wende Schmetterling-Rücken. Abstoß mit Delfinaktionen bis 15 m.
	- 15 m anschwimmen und Wende Rücken-Brust. Abstoß und Tauchzug bis 15 m.
	- 15 m anschwimmen und Wende Brust-Kraul. Abstoß mit Delfinbewegungen bis 15 m.
	Pro Schwimmart 3 Koordinationsübungen.
	200 m Lagen mit Tempospiel (= Steigerung der Zyklusfrequenz pro Bahn).

Wichtig: Schwimmarten, Starts und Wenden immer technisch korrekt (vgl. Wettkampfbestimmungen des DSV) ausführen.

Instruktion

Neben kind- und schülergerechten Bewegungsanweisungen sind für einen effizienten Schwimmunterricht u. a. die Zuwendung der Lehrenden, überdeutliche Demonstrationen, ein motivierender Materialeinsatz und eine angemessene Unterrichtsorganisation entscheidend.

⇛ **Instruktionen,** die dem Alter entsprechen:

- **Verbale Instruktionen:**
  - Metapher (= wirksames Sprachbild) – z. B. „Kick" für die Beinaktionen beim Kraul- und Rückenschwimmen oder für die Delfinbewegung,
  - umweltgebundene Anweisung (= Bezug zur Umwelt herstellen) – z. B. „Badehose an die Wasseroberfläche",
  - körpergebundene Anweisung (= Bezug zum Körper herstellen) – z. B. beim Gleiten in Bauchlage: „mit den Oberarmen die Ohren berühren" oder beim Gleiten in Rückenlage: „mit den Händen neben den Oberschenkeln paddeln".
- **Optische Instruktion:**
  - Begleitende optische Maßnahmen – z. B. Demonstration beim Rückenbeinschlag: Lehrer bewegt die gestreckten Arme auf und ab und geht am Beckenrand mit.

- **Taktile Instruktionen:**
  - Der Lehrer legt seine Hände auf die Fußsohlen, der Schüler drückt mit einer Kreisbewegung der Fersen (Beinbewegung beim Brustschwimmen) gegen die Hände des Lehrers (vgl. Abb. 5)
- **Mit Geräten und Partnerhilfe** instruieren:
  - z. B. bei den Beinbewegungen (Kraul und Rücken) und Delfinbewegung mit Flossen schwimmen, Brustbeinschlag in Rückenlage mit einem Schwimmbrett, das über den Oberschenkeln vom Schwimmschüler platziert wird, schwimmen oder das Gleichgewicht auf einer Poolnoodle ausbalancieren (Abb. 4). Teilaktionen (Armaktion oder Beinaktion) mit einem Partner ausführen - der Partner schiebt oder zieht.

Organisation

⇛ Anmerkungen zum **Stundenbeginn:**

- Die Schwimmschüler sollen erst nach einem einleitenden Unterrichtsgespräch duschen.
- Nach dem Duschen sofort ins Wasser, die Schwimmschüler bewegen sich im schultertiefen Wasser möglichst intensiv und möglichst weit eingetaucht (Verdunstungskälte vermeiden, Wärme produzieren!).
- Im Wasser, also zu Beginn der Einheit und nach dem Duschen, intensive Warm-up-Aktionen planen, z. B. drei Schüler schwimmen mit einer Poolnoodle Kraulbeinbewegung oder joggen im bauchtiefen Wasser kreuz und quer.

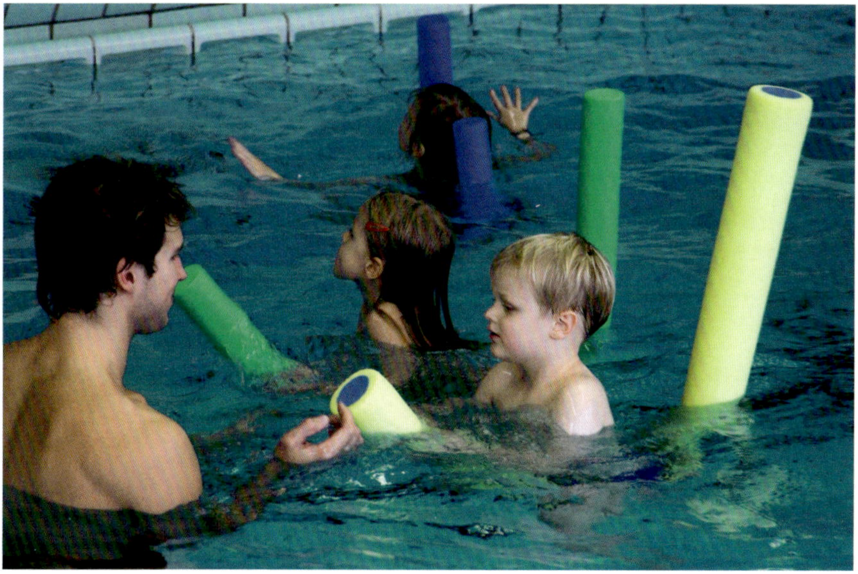

Abb. 4 Gleichgewicht ausbalancieren

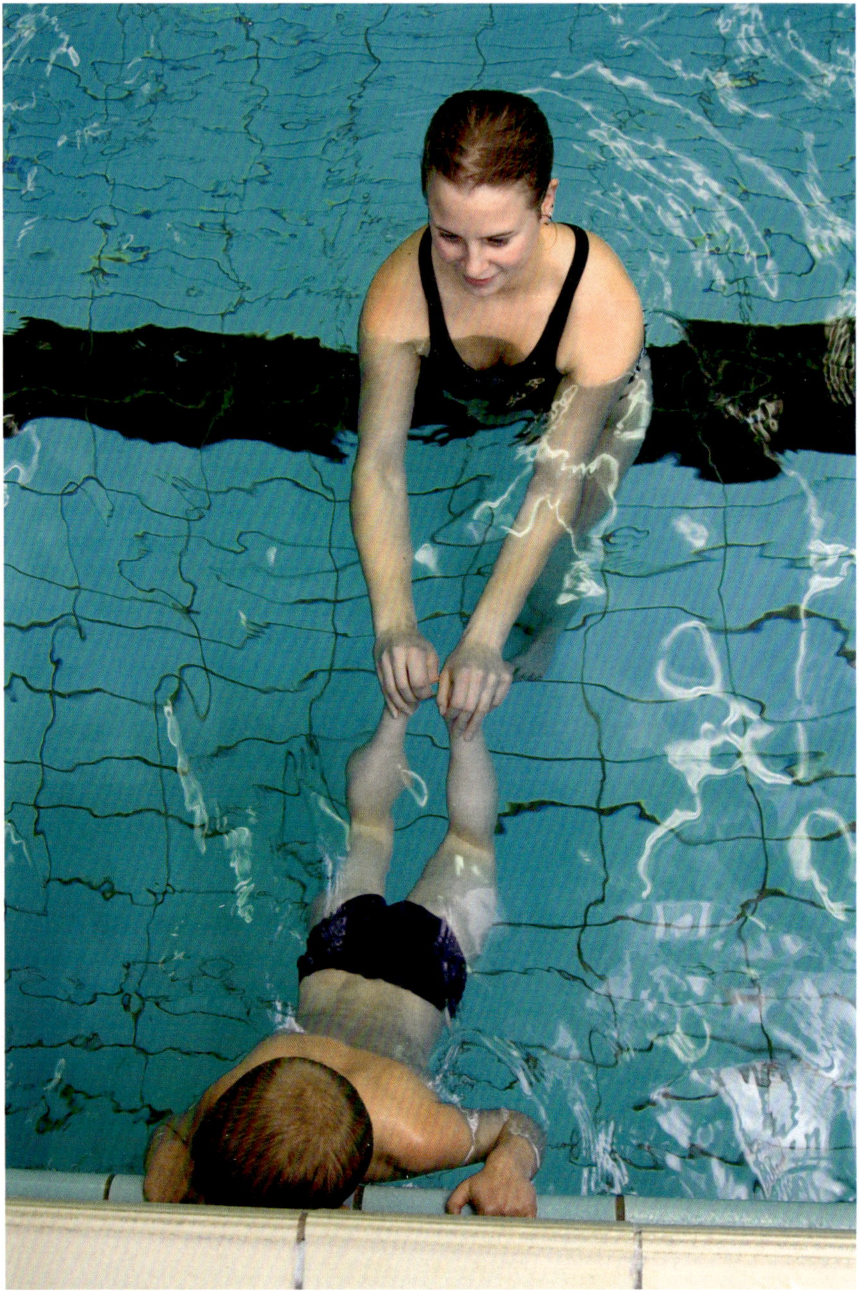

Abb. 5 Taktile Hilfe

⇛ Anmerkungen zum **Mittelteil:**

- Organisationsbeispiel: Auf dem Niveau der SwimStars Grün, Türkis und Blau im bauchtiefen Wasser Abstoß von der Beckenwand, dann (mit oder ohne Wechselbeinschlag, mit oder ohne Schwimmbrett) gleiten und dann zur Beckenwand zurück joggen.
- Beim Einstieg in die Schwimmtechniken nur kurze Strecken (3–10 m), aber viele Wiederholungen mit genügend langen Pausen fordern.
- Auch Übungsarrangements organisieren, die zum Probieren anregen – d. h. die Schwimm- oder Trainingsgruppe beschäftigt sich ohne Anweisung mit verschiedenen Materialien, u. a. Schwimmbrettern, Poolnoodles, Bällen, Matten.
- Auch schwimmunspezifische Übungen anbieten. Zum Beispiel versuchen die Schwimmschüler sich auf eine Poolnoodle zu legen (Poolnoodle wird in Halshöhe quer zur Schwimmrichtung positioniert) oder im brusttiefen Wasser „Skilanglauf" auf zwei Schwimmbrettern zu balancieren (vgl. Abb. 6).

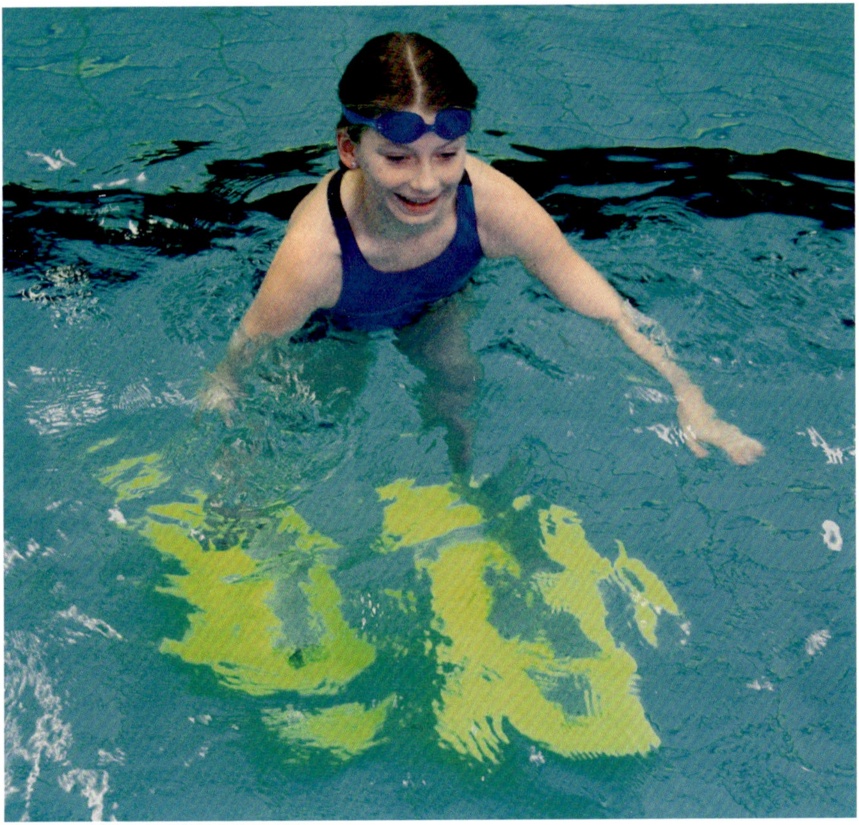

Abb. 6 Gleichgewicht stabilisieren

⇛ Anmerkungen zur **Beendigung der Stunde:**
- Ein abschließendes Unterrichtsgespräch führen (nur kurz!), z. B. einige Inhalte der Unterrichts- oder Trainingseinheit ansprechen und einen Bezug zur folgenden Übungseinheit herstellen.

Was?
Lehr- und Lerninhalte sind dem jeweiligen Können der Schwimmschüler angemessene Bewegungen im Wasser, unter Wasser, vom Rand ins Wasser und vom Wasser zum Rand – die Bewegungen können mit und ohne Partner, mit oder ohne Materialien ausgeführt werden. Ergänzend zu den zieladäquaten Technikübungen (z. B. Delfinbewegungen unter Wasser) sollten immer auch kleine Spiele, Übungen zur allgemeinen und schwimmspezifischen Koordinationsschulung (s. Kap. 2.2) von den Lehrenden angeboten werden. Außerdem ist es wichtig, ab dem **SwimStar Blau** ein stufenspezifisches Konditionstraining einzuplanen.
Bewegungsstrukturelle Basis für das Techniktraining (s. Kap. 9) sind die strukturverwandten Technikanteile und die Technikmerkmale (vgl. Tabelle 7-14; Kap. 7.2.2, 7.2.3, 7.2.4, 7.2.5), die Vorgaben zur Fremd- und Eigenkontrolle (vgl. Kap. 8), die Technik-, die **Koordinations- und die Konditionsübungen**, die niveauspezifisch ab dem **SwimStar Blau, die für alle nachfolgenden SwimStars-Stufen** vorgeschlagen werden.
Über ein vielfältiges Bewegungsangebot begreifen die Schwimmschüler den Bewegungsraum Wasser. Ein beherrschter Bewegungsraum ist dann die solide Basis für das Erlernen der Schwimmarten und Voraussetzung für ein zusätzliches Schwimmengagement im Verein.

2 Zug um Zug: Kraul, Rücken, Schmetterling, Brust, Starts und Wenden lernen

2.1 Lernstufen und die **SwimStars**-Anforderungen

Beim Bewegungslernen liefern die Lernstufen (Roth, 2005) Neulernen, Überlernen, Automatisieren und Stabilisieren und Technikanpassung (= Individualisierung) theoretische Vorgaben für die Auswahl effizienter Übungsformen. In Tabelle 2 werden die Lernstufen und Trainingsetappen den **SwimStars**-Anforderungen zugeordnet.
Für die Lernstufe **Neulernen** sind Vereinfachungsstrategien entscheidend:

⇛ **Komplexität** reduzieren:
- Bei der Schwimmart Brust zunächst nur die Armbewegung, bei Schmetterling zunächst nur die Beinbewegung lehren.
- Kraul, Brust und Schmetterling zunächst ohne regelmäßige Ein- und Ausatmung lehren.
- Zunächst nur kurze Streckenintervalle schwimmen (5-10 m).

Tab. 2 Lernstufen, Trainingsetappen und SwimStars

Lernstufen/Trainingsetappen	Anforderungen
Neulernen/Überlernen/Automatisierung[1]: Situation Wasser ohne Vorerfahrungen bewältigen (= Gewöhnen an die Bewegungssituation Wasser; Schwimmen lernen)	SwimStar Grün Kap. 3 SwimStar Türkis Kap. 4 SwimStar Blau Kap. 5
Neulernen/Überlernen/Automatisierung[1]: Technikeinstieg und Kopplung von Teilbewegungen (= Schwimmarten lernen; Grundlagentraining)	SwimStar Schwarz Kap. 6 SwimStar Rot Kap. 7 SwimStar Gold Kap. 8
Automatisierung[1]/Stabilisierung[2] (= Aufbautraining)	SwimStar (Kraul, Rücken, Brust, Schmetterling und Lagen) Kap. 9
Technikanpassung: Individualisierung durch variieren, automatisieren und stabilisieren (= Anschlusstraining)	

[1] Aufmerksamkeit weglenken [2] Aufmerksamkeit hinlenken

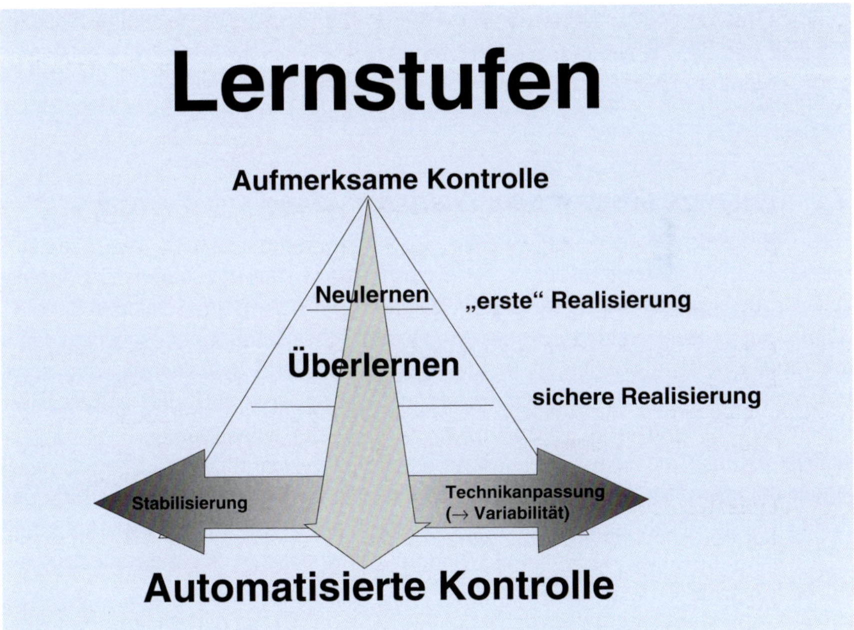

Abb. 7 Lernstufen des Techniktrainings (mod. n. K. Roth, 2005, S. 238)

⇛ Zunächst die **Grobkoordination** lehren:
- Zeitlich-räumliche und zeitlich-dynamische Feinstruktur, z. B. der Armzugbewegungen, zunächst noch nicht anweisen und nicht korrigieren.

⇛ Mit **Rhythmusvorgaben** die Bewegungen unterstützen, z. B. bei der Delfinbewegung: „Kick" ... „Kick" ..., z. B. bei der Brustarmbewegung die Gleitphase unterstützen: Während der Gleitphase 1, 2, 3 zählen.

Die Strategie „Wiederholen, ohne sich zu wiederholen" ist für das **Überlernen** (Abb. 7) entscheidend, d. h. die Technikübungen müssen immer wieder variiert werden: z. B. mit den Beinen in Rücken-, Bauch- oder Seitenlage oder in der Vertikalen „strampeln". Die Weglenkung der Aufmerksamkeit ist für die **Automatisierung** (Abb. 7) kennzeichnend: z. B. mit Partner(n) im Gleichtakt schwimmen. Die Hinlenkung der Aufmerksamkeit ist dagegen für die **Stabilisierung** (Abb. 7) kennzeichnend, z. B. wenn der Abdruck (s. Tab. 11, 12, 13, 14) der Armbewegungen bei den Schwimmarten Schmetterling, Kraul und Rücken von den Schwimmern aufmerksam kontrolliert werden soll.

Technikanpassung bedeutet **Individualisierung,** d. h. die Anpassung der Schwimmtechnik an die individuellen Körperbaumerkmale und an die individuellen motorischen Fähigkeiten (u. a. Kraft, Beweglichkeit, Koordination). Die Inhalte dieser Lernstufe können erst bewältigt werden, wenn die Anforderungen des **SwimStars Gold** sicher beherrscht werden.

Erste bewegungsstrukturelle Vorgaben für das monotone Techniktraining sind im Kap. 5 (SwimStar Blau und den Tabellen 7, 8, 9) gelistet. Eine differenziertere Auflistung der Technikmerkmale und Technikfehler (Kap. 7) vervollständigt die groben Technikskizzen, die Lehrern, Trainern und Schwimmern allerdings eine erste Orientierung liefern.

2.2 Stufenspezifisches Koordinationstraining

Die Übungsformen des allgemeinen (u. a. situationsspezifisch aber technikunspezifisch) und schwimmspezifischen **Koordinationstrainings** sollten in Abhängigkeit von der jeweiligen Lernstufe, d. h. während der gesamten „Schwimmkarriere", angeboten werden (Tab. 3). Ein schwimmspezifisches Koordinationstraining kann allerdings erst beim Überlernen, bei der Stabilisierung und Technikanpassung angeboten werden (Tab. 2). **Das Koordinationstraining erweitert und differenziert das Innovationspotenzial (= Technikressourcen) der Schwimmer.**

Schwimmschüler mit koordinativen Vorerfahrungen (= koordinatives Überpotenzial) lernen demnach schneller, passen ihre Technik effektiver an sich verändernde konditionelle und anthropometrische Leistungsvoraussetzungen (u. a. Kraft, Armlänge und Gewicht) an und kreieren bei Ermüdung eher effektive Technikvarianten:

„Training der Trainierbarkeit" (Neumaier 2006, 159) ist das erklärte Ziel des Koordinationstrainings.

Tab. 3 Trainingsetappen und prozentuale Anteile des Koordinations-, Konditions- und des monotonen Techniktrainings

Trainingsetappen/ Lernstufen	Allgemeines Koordinationstraining	Sportartspezifisches Koordinationstraining	Konditionstraining und monotone Technikimitation	Alter (Jahre)
·	Motorische Früherziehung	Situation Wasser erfahren		1-3
Situation Wasser ohne Vorerfahrungen begreifen und Technikeinstieg ***Neulernen/ Überlernen/ Automatisieren***	Situationsspezifische Bewegungserfahrungen sammeln und allgemeine (sportartunspezifische) Koordinationserfahrungen sammeln 30%	**SwimStars Grün, Türkis, Blau** Technikunspezifisches Koordinationstraining im Wasser 20%	45% Technik-imitation 5% Kondition 50%	4-8
Grundlagentraining ***Neulernen/ Überlernen/ Automatisieren***	Allgemeines sportartunspezifisches Koordinationstraining 10%	**SwimStars Rot, Gold, Schwarz** Technikorientiertes Koordinationstraining 30%	45% Technik-imitation (Grobform, Feinform) 15% Kondition 60%	8-11
Aufbautraining ***Stabilisieren/ Automatisieren/ Spezialisierung***	Allgemeines sportartunspezifisches Koordinationstraining 10%	**SwimStars Kraul, Rücken, Brust, Schmetterling und Lagen** Technikorientiertes und technikspezifisches Koordinationstraining 30%	20% Technik-imitation(Grobform, Feinform) 40% Kondition 60%	11-14/15
Anschlusstraining ***Technikanpassung (= Individualisieren)***	Allgemeines sportartunspezifisches Koordinationstraining 5%	Technikspezifisches Koordinationstraining 15%	15% Technik-anpassung 65% Kondition 80%	14/15-17/19
Hochleistungstraining ***Technikanpassung (= Individualisieren)***	Allgemeines sportartunspezifisches Koordinationstraining 5%	Wettkampfspezifisches Koordinationstraining 10%	15% Technik-anpassung/wett-kampfspezifische Technikimitation 70% Kondition 85%	ab 18/20

Anmerkungen: %-Zahlen sind nicht empirisch belegt (= anekdotische Evidenz).

Das Koordinationstraining orientiert sich an den **Koordinationsformeln** und den **Lernstufen** (Tab. 4, 5, 6).
Den Lernstufen (Abb. 7) können neben dem allgemeinen Koordinationstraining (situationsspezifisch aber technikunspezifisch) zwei weitere Koordinationstypen zugeordnet werden: Das **technikorientierte Koordinationstraining** (= sportartgerichtetes Koordinationstraining) und das **technikspezifische Koordinationstraining** (= sportartspezifisches Koordinationstraining) (→ Koordinationsformeln I, II, III in Tab. 4, 5, 6).

Koordinationsformel I

Lernstufe – Bewegungssituation Wasser begreifen, Neulernen: Technikunspezifisches Koordinationstraining

Tab. 4

Koordinationstraining	Basis: Beherrschte Fertigkeiten	+ Ausführungsdruck	und/oder Informationsdruck
	• Vertikale Positionierungen in der Bewegungssituation Wasser werden beherrscht	• Im bauchtiefen Wasser joggen, und mit den Armen im Wasser horizontale Kreisbewegung ausführen (langsam und schnell im Wechsel) • Hopserlauf und in die Hände klatschen (über und unter der Wasseroberfläche) • „Skilanglauf" im brusttiefen (tiefen) Wasser auf 2 kleinen Schwimmbrettern (s. Abb. 6)	• Mit geschlossenen Augen Hopserlauf im bauchtiefen Wasser • Mit geschlossenen Augen jeweils nach einer halben Rotation um die Längsachse 3 Schritte vorwärts und 3 Schritte rückwärts ausführen

Koordinationsformel II

Lernstufe – Überlernen, Automatisieren: Technikorientiertes Koordinationstraining

Tab. 5

Koordinationstraining	Basis: Beherrschte Fertigkeiten	+ Ausführungsdruck	und/oder Informationsdruck
	• Schmetterling • Kraul, Rücken	• Delfinbewegung in Rückenlage mit Doppelarmzug • Delfinbewegung in Seitenlage mit einem Arm in Hochhalte	• Nach 25 m oder 50 m „Walzerkraul" (vestibuläre Vorbelastung) die Zieltechniken Kraul oder Rücken mit technikadäquater „Bodyroll" schwimmen

Koordinationsformel III

Lernstufe – Stabilisierung/Automatisierung: Technikspezifisches Koordinationstraining

Tab. 6

Koordinations-training	Basis: Beherrschte Fertigkeiten	+ Ausführungsdruck	und/oder Informationsdruck
	• Schwimmarten • Starts, Wenden und Finish	• z. B. beim vorletzten/letzten Zug (Schmetterling) vor der Wende (vor dem Anschlag) nach dem Ausheben in die Hände klatschen • z. B. nach physischer Vorbelastung (= intensives Intervalltraining) 25 m oder 50 m mit einem wettkampfspezifischen Strokeindex (s. Anhang B) bewältigen	• z. B. Rollwende nach vestibulären Vorbelastungen (vor der Wende 3 Rollen vorwärts) ausführen • z. B. nach taktilen und kinästhetischen Vorbelastungen (z. B. Schmetterling mit Fäusten oder gestreckten Ellbogengelenken schwimmen), 25 m oder 50 m mit einem wettkampfspezifischen Strokeindex bewältigen • mit Partner(n) synchron S_{Arten} und TB schwimmen

Praxis an der Theorie orientiert

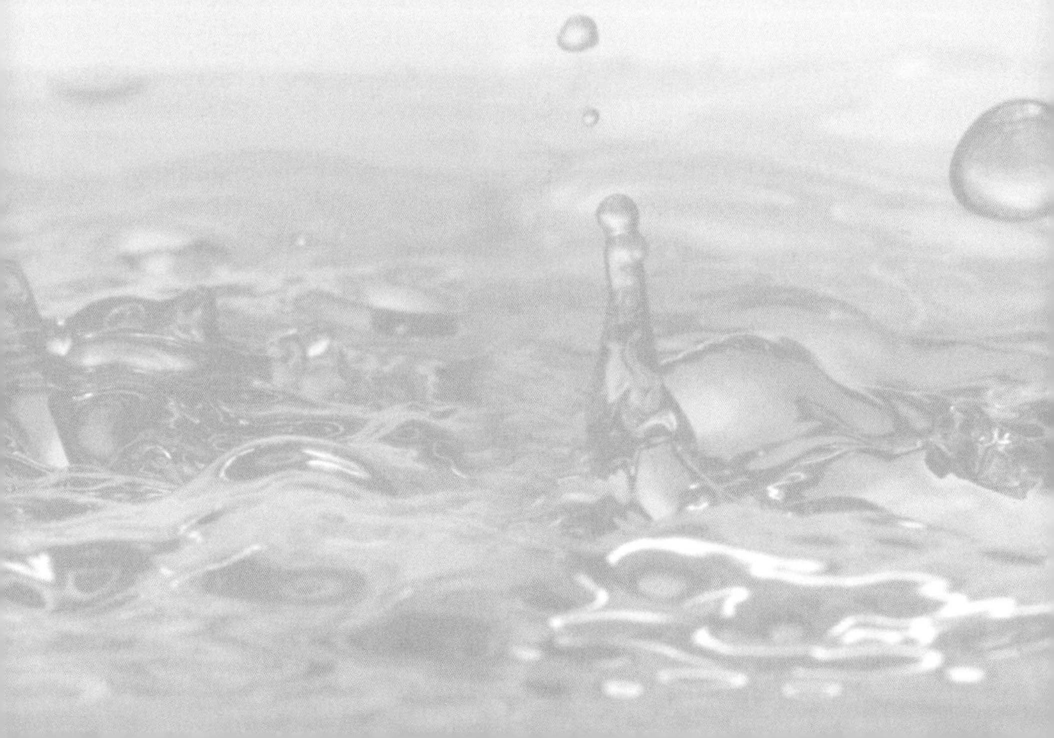

Schwimmen und die ersten Schwimmarten lehren und lernen: „Viel Spaß im Nass“

(→ Grobkoordination R, K, BAr)

SwimStar Grün

Anforderungen

- ⇛ In **Bauchlage** im bauchtiefen Wasser von der Beckenwand weg (mit Hechtschießen starten) und zur Beckenwand hin (mit Delfinschießen starten) gleiten.
- ⇛ In **Rückenlage** im bauchtiefen Wasser von der Beckenwand weg (mit Hechtschießen starten) und zur Beckenwand hin (mit Delfinschießen starten) gleiten.
- ⇛ Aus dem Stand vom Beckenrand **Fußsprung** ins brusttiefe **Wasser.**
- ⇛ Kopf unter Wasser und große **Blasen „blubbern“.**
- ⇛ Im bauchtiefen Wasser hochspringen und sich auf den **Beckenboden hocken.**

SwimStar Türkis

Anforderungen

- ⇛ **„Raddampfer“** (>3 m; www.swimstars.de, Film 1)
- ⇛ **„Ruderboot“** (>3 m; www.swimstars.de, Film 2)
- ⇛ **„Hubschrauber“** (>3 m; www.swimstars.de, Film 3)
- ⇛ **Delfinsprünge** vorwärts, rückwärts und seitwärts mit kurzen Gleitphasen.
- ⇛ Nach einem Delfinsprung 3 m mit Kraulbeinbewegung **tauchen.**

SwimStar Blau

Anforderungen

- ⇛ Hockschwebe in Bauchlage und Ausatmung – Streckschwebe in Bauchlage und Einatmung – Hockschwebe ... (3 × wiederholen; www.swimstars.de, Film 7 und Abb. 20).
- ⇛ **Abfaller** vorwärts aus einer Hockposition (Arme in Vorhalte).
- ⇛ 5 m **Rücken** schwimmen.
- ⇛ 5 m **Kraul** (Gesicht bleibt noch im Wasser, d. h. noch ohne regelmäßige Ein- und Ausatmung) schwimmen.
- ⇛ Hechtschießen und dann mit **Brustarmbewegung** schwimmen (>3 m).

Die Bewegungssituation Wasser ohne Vorerfahrungen bewältigen

Die Anforderungen der SwimStars Grün, Türkis, Blau werden von den Schwimmschülern problemlos und schnell bewältigt, wenn die Lehrenden die TopTipps I berücksichtigen.

TopTipps I

⇛ **Der Schwimmlehrer ist der „Anker" in einer noch ungewohnten Bewegungssituation.**
Schwimmschüler benötigen viel Zuwendung und Lob.

⇛ **Beim Üben in Rücken- und Bauchlage sollte der Körper möglichst tief im Wasser liegen, die Rückenlage bevorzugen.**
Statischer Auftrieb wirkt als Bewegungshilfe und gibt eine gewisse Sicherheit, die Rückenlage erleichtert die Orientierung.

⇛ **Personale und materiale Auftriebshilfen selten und im Verlauf des Unterrichts immer weniger anbieten.**
Schüler müssen erfahren und begreifen, dass das Wasser „Balken" hat (= die Wirkung des statischen Auftriebs erfahren).

⇛ **Zunächst Bewegungshilfen anbieten. Später ⅔ der Übungszeit ohne Bewegungshilfen („weniger ist mehr") unterrichten.**
Schüler müssen erfahren, dass sie sich im Wasser auch ohne Hilfe antreiben können.

⇛ **Überlernen („viel ist viel"), d. h. wiederholen, ohne sich zu wiederholen, und zunächst nur kurze Strecken (5–10 m) mit vielen Wiederholungen anbieten.**
Eine hohe Übungsfrequenz mit adäquaten Pausen gewährleistet, dass das neu Gelernte automatisiert und stabilisiert (Abb. 7) wird.

⇛ **Möglichst zwei bis drei Kinder gleichzeitig beschäftigen.**
Damit ist eine hohe Übungsfrequenz gewährleistet, außerdem motiviert gemeinsames Lernen.

⇛ **Vom Hüpfen zum Gleiten in Rückenlage oder Bauchlage (in Bauchlage mit dem Gesicht im Wasser und den Armen in Vorhalte gleiten ist eine wichtige Zielsetzung).**
Schüler lernen implizit, die Körperstellreflexe zu überwinden und gewöhnen sich an die horizontale Körperlage im Wasser.

⇛ **Eine immer längere Strecke zum Schwimmlehrer gleiten oder „schwimmen" (möglichst viele Wiederholungen anbieten).**
Schüler bekommen die Bewegungssituation immer besser in Griff, d. h. sie lernen implizit, dass Wasser auftreibt.

⇛ **Rotationen um die drei Körperachsen in Bauch- und Rückenlage passiv auslösen lassen (oder aktiv auslösen) – mit immer weniger Unterstützung beim Stabilisieren des Gleichgewichts.**
Schüler lernen, im Wasser das Gleichgewicht zu stabilisieren.

⇛ **Sog als Bewegungshilfe nützen.**
Schüler bewältigen schnell eine längere Strecke und haben motivierende Erfolgserlebnisse.

⇛ **„Raddampfer", „Hubschrauber" und „Ruderboot" garantieren die ersten „Schwimmerlebnisse", schneller als K, R, B, Sch.**
„Raddampfer", „Hubschrauber" und „Ruderboot" sind Kombinationen der Teilbewegungen „Beine strampeln" und „Arme kreisen" oder „Arme paddeln", also eine Kombination von einfachen Bewegungen.

⇛ **Wenn die Anforderungen des SwimStars Blau erfüllt sind, Konzentration auf die Brustbeinbewegung.**

⇛ **Eine längere Strecke (z. B. 200 m) kann mit der Schwimmart Brust früher als mit den anderen Schwimmarten bewältigt werden.**

⇛ **Möglichst oft Positionen und Bewegungen demonstrieren.**
Imitationslernen ist sehr effektiv.

⇛ **Bewegungsausführungen möglichst oft verbal (wichtig: zielgruppen- und altersspezifisch) begleiten.**
Zum Beispiel: „Große Kreise" (mit den Händen ins Wasser zeichnen).

⇛ **Mit acht Schritten zu vier Schwimmarten:**

Schritt 1	Aufwärts- und Abwärtsbewegungen der Beine (= „mit den Beinen strampeln") zunächst mit Partnerhilfe oder materialer Hilfe; Paddelbewegungen der Arme (in Bauch- und Rückenlage) und Brustarmbewegungen zunächst mit Partnerhilfe oder materialer Hilfe
Schritt 2	„Hubschrauber", „Raddampfer", „Ruderboot"; regelmäßige Einatmung über Wasser und Ausatmung unter Wasser lernen
Schritt 3	Kraul (zunächst ohne regelmäßige Ein- und Ausatmung, Gesicht bleibt im Wasser), Rücken und Delfinbewegungen
Schritt 4	Brustbeinaktion zunächst mit Partnerhilfe oder materialer Hilfe
Schritt 5	Kraul mit regelmäßiger Ein- und Ausatmung
Schritt 6	Brust
Schritt 7	Armbewegung der Schwimmart Schmetterling zunächst nach dem Hecht- oder Delfinschießen (nur 3 bis 5 Zyklen)
Schritt 8	Schmetterling

TopTipps II

Rahmenbedingungen

⇛ Die Schwimmschüler dürfen erst **nach dem Lehrer** in die Schwimmhalle, und sie gehen erst mit dem Lehrer ins Wasser.

⇛ Der Lehrer muss sich versichern, dass das **Smartphon oder Telefon** im Schwimmbad funktioniert und dass die Notrufnummern bereitliegen.

⇛ Der Lehrer muss **rettungsfähig** sein.

⇛ Kopfsprünge nur bei einer Wassertiefe von mindestens **1,80 m.**

⇛ Der Lehrer muss beim Anfängerunterricht, wenn weniger als 7 Schwimmschüler betreut werden **im Wasser** sein.

⇛ In einer Unterrichtseinheit (Anfängerschwimmen) können **maximal sechs Schwimmschüler** von einem Lehrer verantwortlich unterrichtet werden.

⇛ Während der Unterrichtseinheit immer mit allen Schwimmschülern **Blickkontakt** halten.

⇛ Schwimmschüler beim Springen vom Beckenrand **kontrollieren,** zunächst keine Rückwärtssprünge und Schrauben vom Rand erlauben.

⇛ **Mutwilliges** Untertauchen und das Stoßen am Beckenrand und im Wasser verbieten.

⇛ Das Laufen in der Schwimmhalle ist wegen der **Rutschgefahr** verboten.

⇛ Die Schwimmschüler sollen etwa 2 Stunden vor dem Schwimmunterricht keine **großen Mahlzeiten** mehr zu sich nehmen.

⇛ Schwimmschüler besuchen vor dem Duschen – wenn notwendig – die **Toilette**.

⇛ Eine Unterrichtseinheit für die Schwimmschüler sollte bei 28–30 °C nicht länger als **45 Minuten** dauern, denn im Vergleich zu Erwachsenen frieren Kinder schneller:
- zwischen 4 und 7 Jahren wird der Babyspeck abgebaut;
- die Wärmeleitfähigkeit des Wassers ist groß;
- Verdunstungskälte wirkt;
- das Oberflächen-Volumen-Verhältnis ist bei Kindern ungünstig.

⇛ Wenn ein Schwimmschüler friert, mit der **ganzen Gruppe** warm duschen.

⇛ Vor und nach dem Schwimmen ausgiebig **duschen.**

⇛ Eventuell die Eltern als **„Lehrassistenz"** in den Unterricht mit einbeziehen.

Didaktische Anregungen

⇛ Die Schwimmschüler halten sich zunächst **am Rand oder am Lehrer** fest oder bilden eine Kette oder einen Kreis. Allmählich müssen die Schwimmschüler aber lernen, sich selbstständig im Wasser zu bewegen.

⇛ Der Körper der Schwimmschüler sollte immer möglichst **tief eingetaucht** bleiben.

⇛ Pro Unterrichtseinheit mindestens **20–30 Minuten** ohne Materialien hüpfen, springen, schweben, gleiten, sich antreiben.

⇛ Nicht auf Übungsformen **beharren,** die vom Schwimmschüler abgelehnt werden.

⇛ Übungsformen mit Hilfe von **Bildern** („Flipper", „Ente", „Frosch") anregen.

⇛ Übungsformen oft **wiederholen,** d. h. immer nur kurze Strecken laufen, hüpfen, gleiten, sich antreiben.

⇛ Schwimmschüler mit 4 und 5 Jahren haben ein großes Bedürfnis nach **Einzelzuwendung.** Trotzdem mit zwei oder drei Schwimmschülern - wenn irgend möglich - gleichzeitig üben, z. B. mit drei Schwimmschülern und einer Poolnoodle (vgl. Abb. 8).

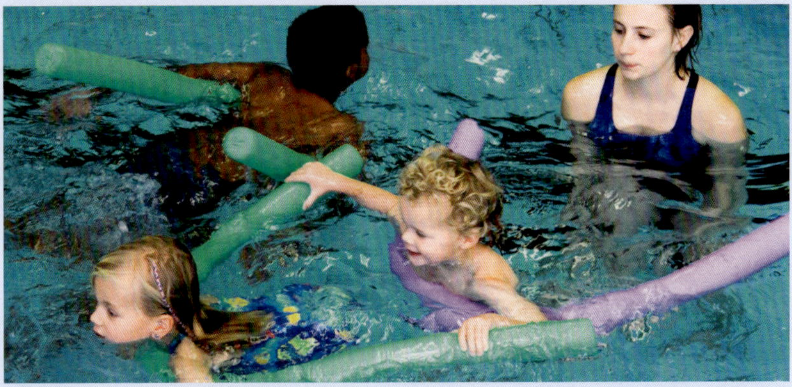

Abb. 8 Mit mehreren Schwimmschülern gleichzeitig üben

⇛ Die **Distanz** zu den Kindern nicht vollständig aufgeben, aber: so oft wie möglich auch für kleine Fortschritte ein Lob aussprechen (vgl. Abb. 9). Viel Zuwendung geben, z. B. Hände fassen, auf den Arm nehmen, den schwebenden Lehrer versenken lassen.

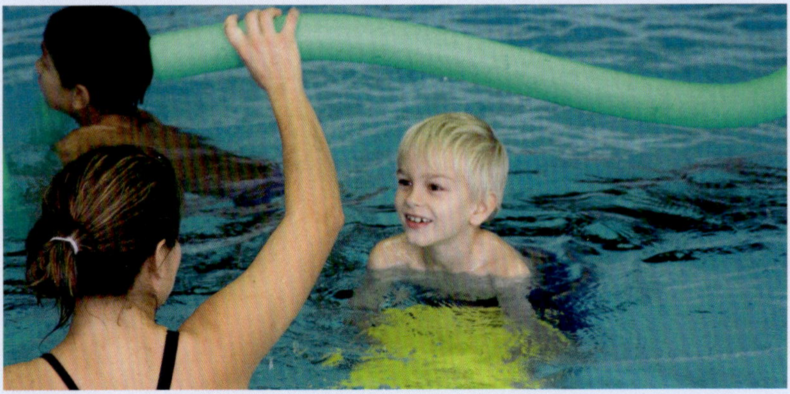

Abb. 9 Mit Lob belohnen

⇛ **Positive Erfahrungen** verhindern die Entwicklung von Vermeidungsaktionen, d. h. Übungen wählen, die von den Schwimmschülern zu bewältigen sind.

⇛ Schon beherrschte Bewegungsformen immer wieder üben und dosiert **variieren,** z. B. hüpfen und dabei versuchen, die Beine anzuhocken.

⇛ Durch Demonstrationen **Einsichten** anregen: Der Schwimmlehrer liegt (z. B. in Hockschwebe bei vollständiger Einatmung) im Wasser und sinkt nicht – die Schwimmschüler versuchen, ihn unter Wasser zu drücken.

⇛ Gemachte Erfahrungen besprechen und **bewusst** machen:
- „Hast Du gesehen, wie weit der untergetauchte Ball wieder hoch in die Luft gesprungen ist?", und
- „Hast Du bemerkt, wie schwierig es ist, die Schwimmbretter und den Schwimmlehrer unter Wasser zu drücken?"

⇛ Eigene **Wünsche** der Schüler akzeptieren bzw. auf Vorschläge eingehen.

⇛ **„Sinkerlebnisse"** unbedingt vermeiden.

⇛ Zu Beginn jeder Stunde die Übungen aus der vorangegangenen Stunde **wiederholen.**

⇛ Der Schwimmlehrer sollte die Übungen immer wieder **demonstrieren.**

⇛ **Hausaufgaben:** In der Badewanne ins Wasser und unter Wasser ausatmen, warm und weniger warm duschen, Schüler und Eltern besuchen regelmäßig ein Schwimmbad.

⇛ Wenn der Schwimmschüler zum Mitmachen nicht zu bewegen ist, muss eventuell nach einigen Schwimmstunden eine andere **Anfängerschwimmsituation** gewählt werden.

⇛ Den Schwimmkurs mit einem **Schwimmlied** beenden:
- „Alle meine Entchen";
- „Eierkuchen, Tintenfleck, eins, zwei, drei und wir sind weg";
- „Regentröpfchen, fall doch auf mein Köpfchen, mach auch meine Haare nass, das macht mir solchen Riesenspaß";
- „Pitsche, pitsche pumpf, der Frosch hüpft in den Sumpf".

3 SwimStar Grün

3.1 SwimStar Grün – Anforderungen

- ⇛ In **Bauchlage** im bauchtiefen Wasser von der Beckenwand weg (mit Hechtschießen starten) und zur Beckenwand hin (mit Delfinschießen starten) gleiten.
- ⇛ In **Rückenlage** im bauchtiefen Wasser von der Beckenwand weg (mit Hechtschießen starten) und zur Beckenwand hin (mit Delfinschießen starten) gleiten.
- ⇛ Aus dem Stand vom Beckenrand **Fußsprung** ins brusttiefe **Wasser.**
- ⇛ Kopf unter Wasser und große **Blasen „blubbern".**
- ⇛ Im bauchtiefen Wasser hochspringen und sich auf den **Beckenboden hocken.**

3.2 Vorrangige Ziele des SwimStars Grün: Sich in der Bewegungssituation Wasser bewegen und wohlfühlen

Lernziel 1

Sich in vertikaler Position im Wasser bewegen (vgl. Abb. 10)

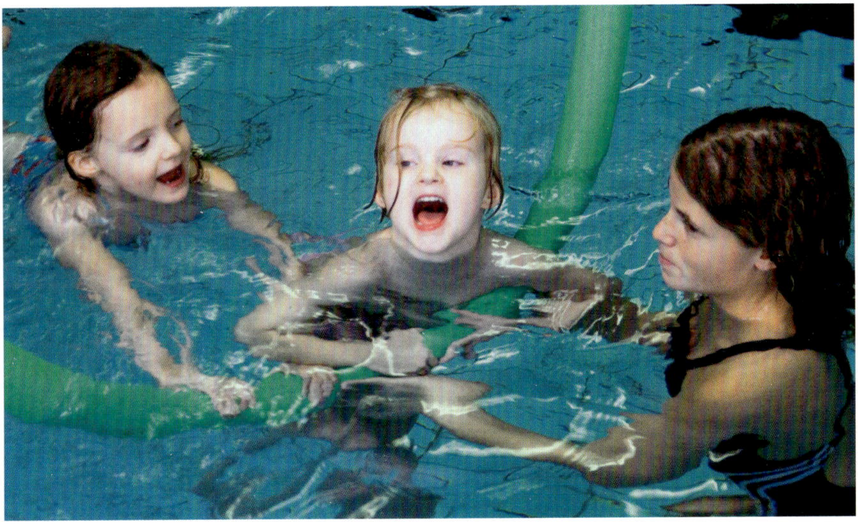

Abb. 10 Von der vertikalen in die horizontale Position

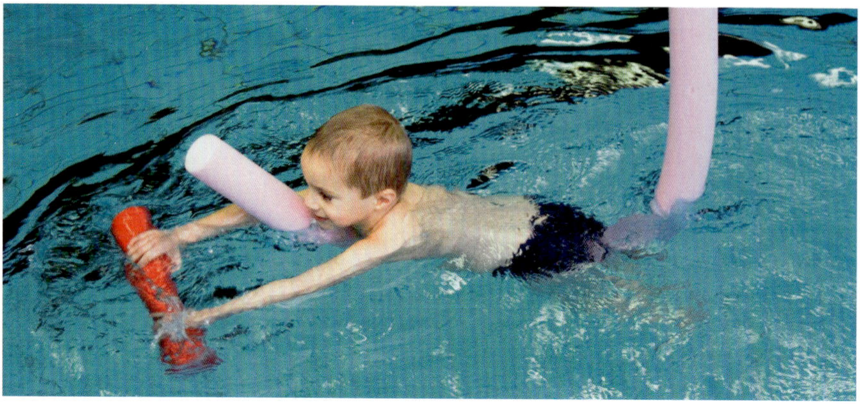

Abb. 11 Im Wasser „Motorrad fahren"

Ausgewählte Übungen:

⇛ Im bauchtiefen Wasser am Schwimmbrett hüpfen.

⇛ Eine Schülerschlange geht und hüpft durchs knietiefe oder bauchtiefe Wasser.

⇛ Hampelmann im stehtiefen Wasser probieren.

⇛ Im schultertiefen Wasser sich an eine Poolnoodle hängen.

⇛ Im schultertiefen Wasser sich zwischen zwei Poolnoodles hängen und mit den Beinen strampeln.

⇛ Mit einer Poolnoodle und einem Poolstick „Motorrad fahren" (vgl. Abb. 11).

⇛ Auf Matten krabbeln und versuchen, im Stand auf den Matten zu balancieren (vgl. Abb. 12).

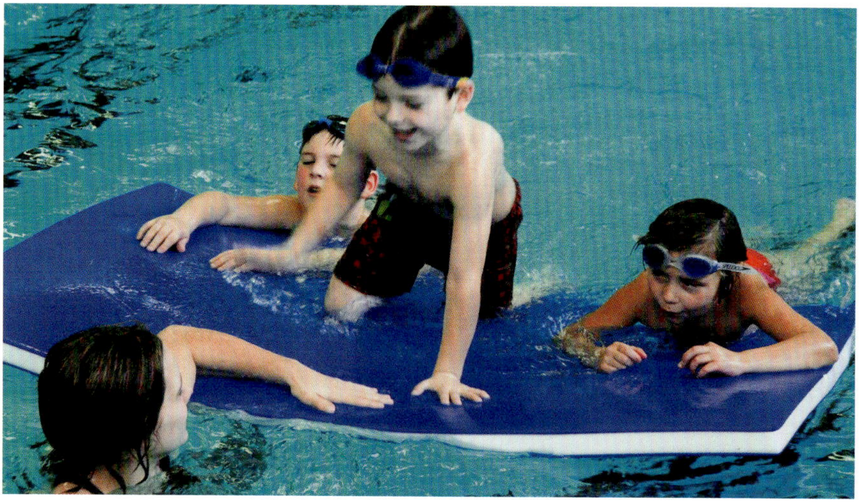

Abb. 12 Mit und auf Matten spielen

Lernziel 2a

Ins Wasser eintauchen, ins Wasser und unter Wasser ausatmen

Ausgewählte Übungen:

⇛ Die im Wasser liegenden Schwämme über dem Kopf ausdrücken – „es regnet aus den Schwämmen".

⇛ Linke Wange, dann rechte Wange, dann Hinterkopf und dann Gesicht (Hände zuerst noch vor dem Gesicht, dann nur mit geschlossenen Augen) auf das Wasser legen. Unter Poolnoodles durchlaufen (Tunnelhöhe variieren) (Abb. 9).

⇛ Unter dem Seil hindurch oder in einen auf der Wasseroberfläche liegenden Reifen hineinkrabbeln.

⇛ Tischtennisbälle und Luftballons, die im Wasser liegen, anblasen und treiben (vgl. Abb. 13).

⇛ An einem Stab oder an der Treppe abtauchen und Luftblasen produzieren.

⇛ Im Liegestütz (Wassertiefe: 30 cm oder an einer Treppe) mit „Beinestrampeln" ein- und ausatmen.

⇛ Unter Wasser den Mund mit Wasser füllen und über Wasser den Mund leer pusten (10 × wiederholen).

⇛ Gegenstände vom Beckenboden fischen.

⇛ Ins bauchtiefe Wasser springen, sich auf den Beckenboden hocken und „große Blasen blubbern".

⇛ Ins Wasser springen und Gegenstände vom Beckenboden fischen.

⇛ Intensiv duschen und mit Rasierschaum im Duschraum eine „Schneeball-schlacht" veranstalten.

⇛ Fantasiespiele in der „Unterwasserwelt" mit motivierenden Materialien: Bleienten, Bleifische.

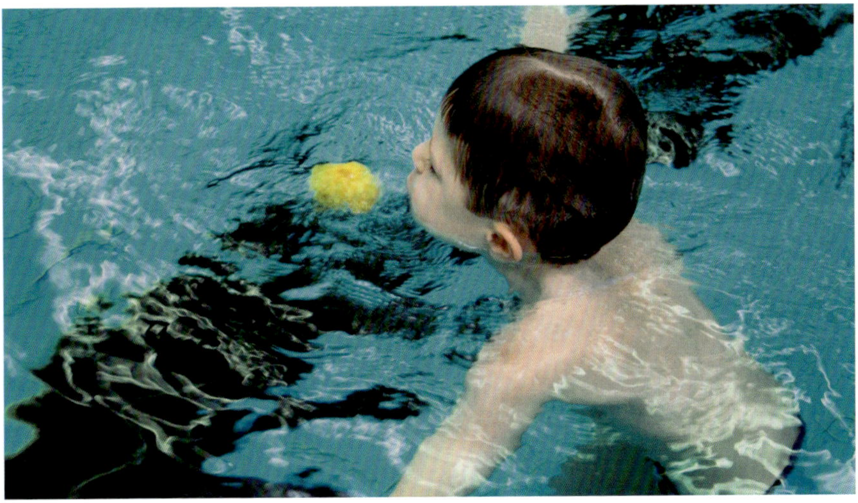

Abb. 13 Nahe an der Wasseroberfläche aus- und einatmen

Lernziel 2b

Sich mit Unterstützung in horizontaler Position im Wasser bewegen (vgl. Abb. 14)

Ausgewählte Übungen:

- ⇛ Der Lehrer schleppt die Schwimmschüler in Bauchlage oder Rückenlage mit verschiedenen Griffen (Achselgriff, Armgriff, Handgriff) und schiebt die Schwimmschüler, die z. B. ihre Arme auf ein Schwimmbrett oder eine Poolnoodle legen.
- ⇛ An einer oder auf einer Poolnoodle oder zwischen zwei Poolnoodles in Bauch- oder Rückenlage mit den Beinen strampeln.
- ⇛ In Rückenlage mit einem Schwimmbrett gleiten (Schwimmbrett auf dem Bauch oder über den Knien positionieren).

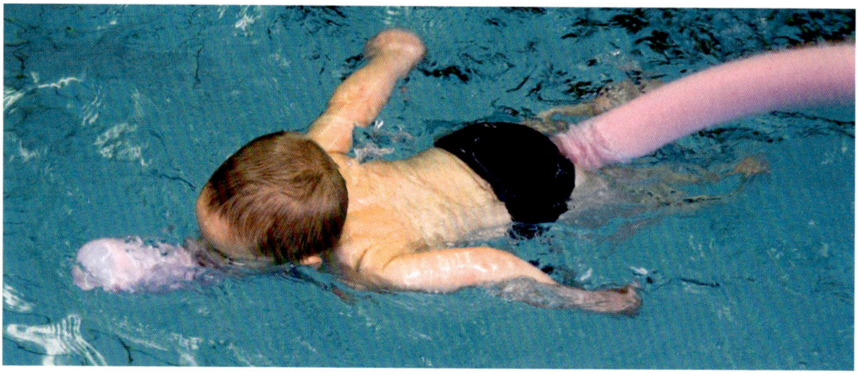

Abb. 14 In horizontaler Position das Gleichgewicht ausbalancieren

Lernziel 3a

Ohne bzw. mit zurückhaltender Unterstützung in horizontaler Körperlage gleiten (vgl. Abb. 15)

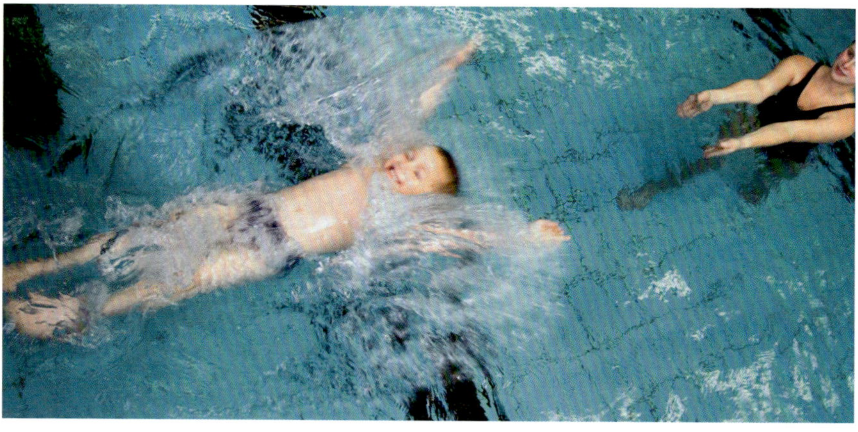

Abb. 15 In Rückenlage kurzzeitig gleiten

Ausgewählte Übungen:
⇛ Schwimmschüler, die an einem Leinenende hängen, schleppen.
⇛ Aus einer Hockposition, z. B. von der Treppe oder von einer Bank, zum Lehrer, zum Rand oder zur Matte gleiten.
⇛ Hecht- oder Delfinschießen zum Rand.
⇛ Mehrere Schüler hängen in Rücken- oder Bauchlage an den Poolnoodles nebeneinander und strampeln.
⇛ In Bauch- und Rückenlage ohne Brett im bauchtiefen Wasser zum Rand hin- und vom Rand weg zum Schwimmlehrer. Immer mit Hecht- oder Delfinschießen starten.

Lernziel 3b

Im und ins Wasser springen

Ausgewählte Übungen:
⇛ Im bauchtiefen Wasser möglichst hoch springen und möglichst tief landen.
⇛ Im bauchtiefen Wasser hüpfen und eine halbe oder ganze Schraube probieren.
⇛ Delfinsprünge (vorwärts, rückwärts und seitwärts) probieren: „Wie Flipper springen".
⇛ Vom Rand, aus dem Sitz, aus der Hocke, aus dem Stand ins Wasser springen (mit und ohne Lehrerhilfe).
⇛ Von einer Matte springen (vgl. Abb. 16).
⇛ „Wasserbombe" vom Rand.
⇛ Vom Rand auf ein Schwimmbrett springen.

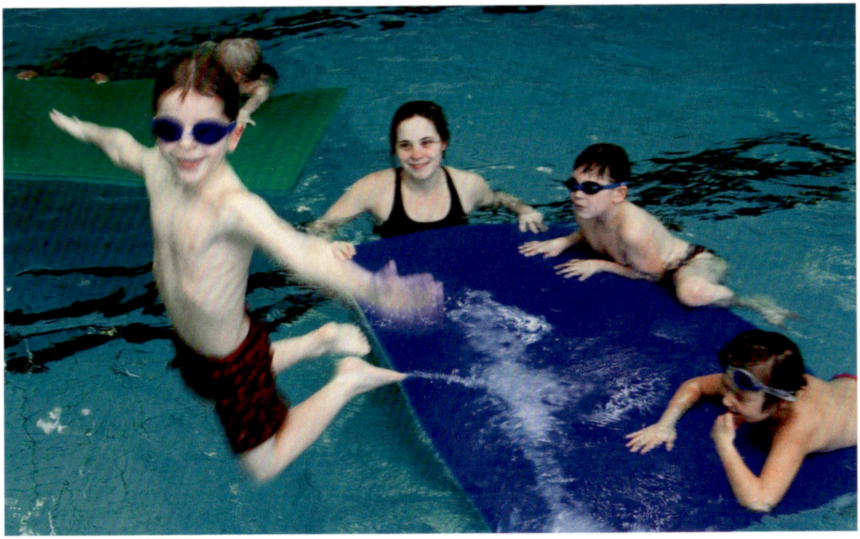

Abb. 16 Die Matte, ein attraktives Spielgerät

TopTipps III

⇛ Der Schwimmlehrer **beobachtet** fortwährend die Springer!

⇛ Immer **ohne Anlauf,** außer, wenn eine rutschfeste Matte zur Verfügung steht, vom Beckenrand ins Wasser springen.

⇛ Die Zehen der Schwimmschüler umkrallen den Beckenrand.

⇛ Zunächst **keine Rückwärtssprünge,** zunächst noch keine Schrauben vom Rand!

⇛ **Keine Kopfsprünge ins bauchtiefe Wasser!** Das Wasser muss mindestens 180 cm tief sein.

TopTipps IV

⇛ Möglichst mit zwei oder drei Schwimmschülern gleichzeitig üben (Abb. 17).

⇛ Immer alle Schwimmschüler **im Blick** behalten.

⇛ Nicht immer, aber immer öfter, **ohne Hilfsmittel** üben.

⇛ Lehrende **demonstrieren,** und Schwimmschüler **imitieren.**

⇛ Die Inhalte der **vorherigen Übungseinheiten** variieren und wiederholen (= Überlernen: „wiederholen, ohne sich zu wiederholen").

⇛ **Kleine Spiele** im bauchtiefen Wasser organisieren, z. B. Namensspiel: Lehrer ruft „Daniela", und alle Schwimmschüler gleiten, hüpfen, laufen zu Daniela.

⇛ **Phantasie- und Rollenspiele,** z. B. Indianerspiel, d. h. ganz leise durchs Wasser schleichen und sich klein machen; nachdem der Feind besiegt wurde, einen Indianertanz veranstalten und brüllen.

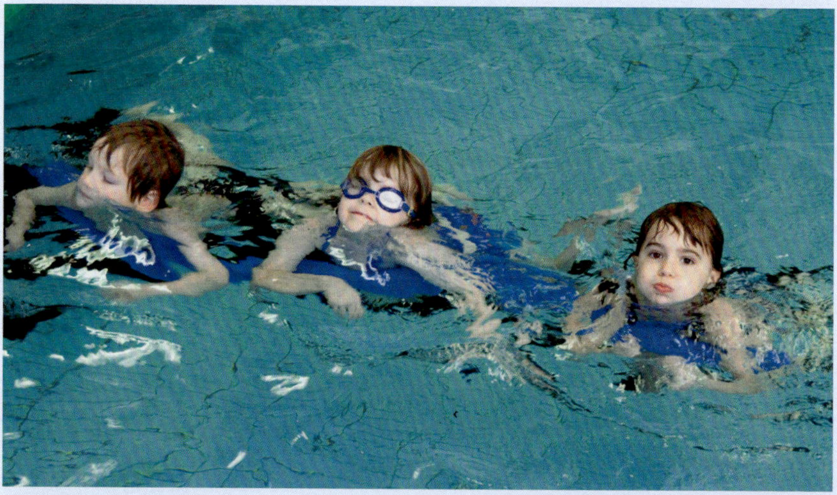

Abb. 17 Gemeinsam üben

⇛ Der **Schülerkreis** dreht sich im Uhrzeigersinn und dann gegen den Uhrzeigersinn.

⇛ Der **Schülerkreis** wird ganz klein (Schwimmschüler joggen oder hüpfen zur Kreismitte), der Kreis wird ganz groß (Schwimmschüler joggen oder hüpfen wieder zurück).

⇛ **Kettenfangen:** 2er-Kette fängt zwei weitere Schwimmschüler, und aus einer 4er-Kette werden dann wieder zwei 2er-Ketten.

⇛ Seite **frei halten** - Materialien aus dem Feld der Mitspieler ins Feld der Gegenspieler werfen.

⇛ Mit Bällen und anderen Materialien **ohne Anleitung** im Wasser spielen.

⇛ **Materialien im bauch- bis brusttiefen Wasser erobern:** Die Schwimmschüler sitzen auf zwei, drei oder vier Matten, zwischen den Matten liegen viele Materialien im Wasser. Auf ein Kommando erobern die Schwimmschüler möglichst viele Materialien, die sie zu ihrer jeweiligen Matte transportieren.

4 SwimStar Türkis

4.1 SwimStar Türkis – Anforderungen

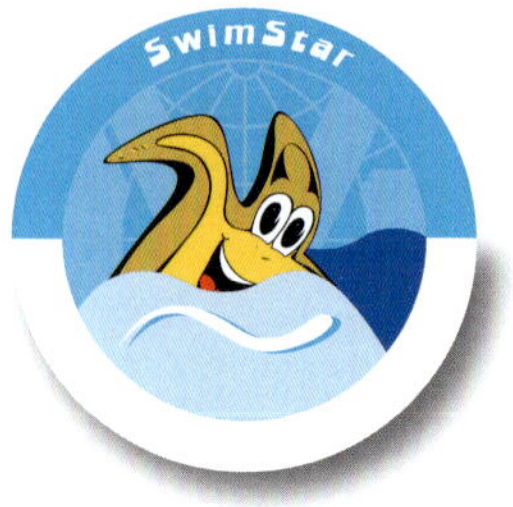

⇛ **„Raddampfer"** (>3 m; vgl. Film 1)
⇛ **„Ruderboot"** (>3 m; vgl. Film 2)
⇛ **„Hubschrauber"** (>3 m; vgl. Film 3) 1–3
⇛ **Delfinsprünge** vorwärts, rückwärts und seitwärts mit kurzen Gleitphasen.
⇛ Nach einem Delfinsprung 3 m mit Kraulbeinbewegung **tauchen.**

4.2 Vorrangige motorische Ziele des SwimStars Türkis: Die einfachen Teilbewegungen kombinieren und erste Schwimmerlebnisse vermitteln

Lernziel 4

Sich im Wasser ohne Hilfe antreiben

Die ersten antriebswirksamen Bewegungen im Wasser empfinden Schwimmschüler als Sensation. Folgende didaktische Frage ist deshalb naheliegend: Mit welchen Bewegungeskombinationen können möglichst schnell Antriebserlebnisse problemlos vermittelt werden?

Schwimmschüler **schwimmen**:

⇛ **„Raddampfer":** In Bauchlage mit den Armen wechselseitig gegen die Schwimmrichtung schaufeln (= „hundeln") und mit den Beinen strampeln – immer wieder mit dem Gesicht (ohne Schwimmbrille) im Wasser und mehr oder weniger regelmäßig ein- und ausatmen. Gesicht immer länger eintauchen.

⇛ **„Ruderboot":** In Rückenlage mit den Armen neben der Hüfte vom Körper weg und zum Körper hin paddeln und mit den Beinen strampeln **(Handflächen immer in Bewegungsrichtung positionieren!).**

⇛ **„Hubschrauber":** In Bauchlage mit beiden Armen gleichzeitig kreisförmige Paddelbewegungen parallel zur Wasseroberfläche ausführen (= „Brustarmbewegung") und mit den Beinen strampeln – möglichst mit dem Gesicht im Wasser und mehr oder weniger regelmäßig ein- und ausatmen. Gesicht immer länger eintauchen.

⇛ „Raddampfer" und „Hubschrauber" mit regelmäßiger Ein- und Ausatmung schwimmen.

4.2.1 Eine solide Basis ist entscheidend

Im Wasser ohne Lehrerhilfe gleiten

⇛ In Rückenlage mit beiden Armen in Tiefhalte, in Bauchlage mit beiden Armen in Vorhalte und in Seitenlage mit einem Arm in Vorhalte gleiten (an der Wasseroberfläche und unter der Wasseroberfläche).

⇛ An der Wasseroberfläche in Bauchlage mit senkrecht gestelltem Schwimmbrett (halb oder ganz eingetaucht) oder mit rückgeneigtem Kopf oder mit geöffneten Armen oder angewinkelten Fußgelenken gleiten – immer wieder im Wechsel mit einer stromlinienförmigen Gleitposition (→ Kontrasterfahrungen sammeln).

⇛ Gleiten in der Brandung: Die Schwimmschüler bilden eine Gasse und produzieren mit Schwimmbrettern Wellen, ein Schwimmschüler gleitet durch die Gasse (mit Abstoß von der Wand oder einem Delfinsprung starten) und positioniert sich am Ende der Gasse.

⇛ Im Flachwasser Abstoß von der Wand (z. B. Hechtschießen) und möglichst kurze bzw. möglichst lange Strecken gleiten (in Rücken-, Bauch- und Seitenlage) und wieder zur Beckenwand joggen (vgl. Abb. 18).

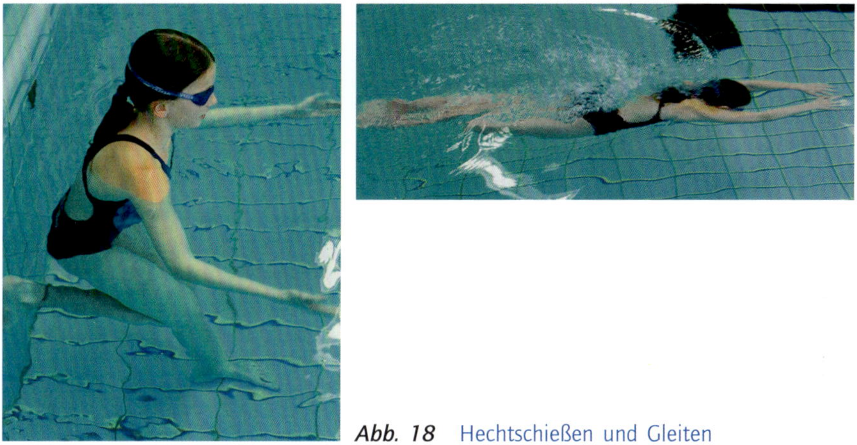

Abb. 18 Hechtschießen und Gleiten

Ins Wasser eintauchen

⇛ Delfinsprünge vorwärts, rückwärts, seitwärts: Die Gruppe springt wild durcheinander, und kein „Delfin" darf den anderen „Delfin" berühren (Arme beim und nach dem Eintauchen immer in Vorhalte!).

⇛ Sitzabfaller, Fersensitzabfaller vorwärts vom Beckenrand (Wassertiefe: mindestens 1,80 m). Anweisungen:
- „Beim Abfaller immer die eigenen Füße anschauen." „Kinn auf die Brust".
- „Arme in Vorhalte und die Ohren einklemmen."
- „Immer flacher ins Wasser eintauchen."
- „Versuchen, die Arme im Wasser gestreckt zu halten."
- Lehrerhilfe: Kopf des Schwimmschülers beim Abfaller in eine Vorneigung drücken.
- Delfinsprünge über Poolnoodles.

⇛ Fußsprünge vorwärts vom Beckenrand mit und ohne Schrauben.

Schweben und Gleichgewicht stabilisieren

⇛ In Bauch- und Rückenlage kurzzeitig schweben (Arme in Seithalte und Beine grätschen).

⇛ In Bauch- und Rückenlage schweben, dabei durch Kopfvor- und Kopfrückneigung das Gleichgewicht kurzzeitig auslenken.

Ausatmung ins Wasser, Hockschwebe (Abb. 19)

⇛ Am Rand fußwärts abtauchen und große Luftblasen erzeugen (durch Mund und Nase ausatmen).

⇛ Vom Beckenboden mit dem Mund voll Wasser auftauchen und den Beckenrand anspritzen.

⇛ Auf dem Beckenboden hocken und „laut" bis 15 zählen.

⇛ Unter Wasser „brüllen" – möglichst große Luftblasen erzeugen.

⇛ In der Hockschwebe (Abb. 19) bauchwärts (Gesicht im Wasser, Beine angehockt und Arme um die Knie geschlungen) durch die Nase und den offenen Mund so lange ausatmen, bis der Körper zu sinken beginnt
4 (vgl. Film 4).

⇛ Ein Schülerkreis dreht sich im Uhrzeigersinn, nach einigen Runden schwebt jeder Teilnehmer für sich in Hockschwebe in der erzeugten Strömung.

⇛ Wechsel zwischen Hockschwebe und Streckschwebe und wieder Hock-
7 schwebe; mehrmals wiederholen (vgl. Film 7 und Abb. 19).

Unter Wasser die Richtung ändern

⇛ Nach einem Abstoß unter Wasser den gleitenden Körper ablenken (mit dem Kopf, mit den Armen, mit den Beinen steuern) nach oben, nach unten und zur Seite.

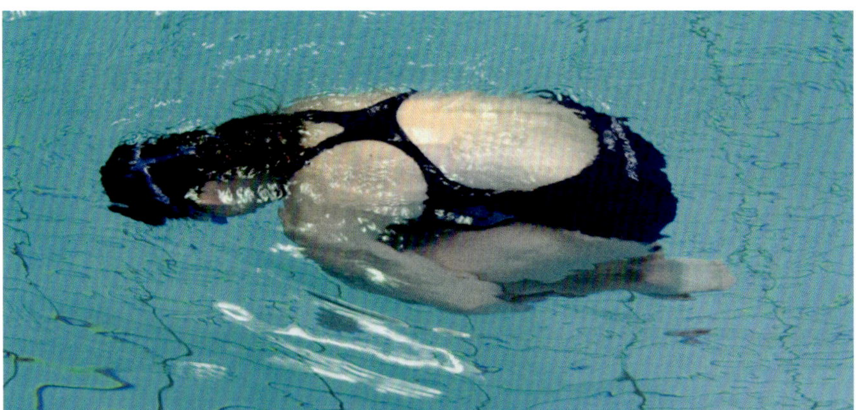

Abb. 19 Hockschwebe

Paddeln

⇛ In Rückenlage kopfwärts mit und ohne Pullbuoy zwischen den Beinen paddeln.

⇛ Handgelenke versteifen und immer die Handflächen in Bewegungsrichtung anstellen.

⇛ In Rückenlage Hüft- und Kniegelenke beugen und Schienbeine parallel zur Wasseroberfläche ausrichten („Zuber"), dann mit Paddelbewegungen (Handrücken zeigt zur Wasseroberfläche) um die Tiefenachse rotieren (Bewegungsrichtung mehrmals ändern; vgl. Film 5 und Abb. 20).

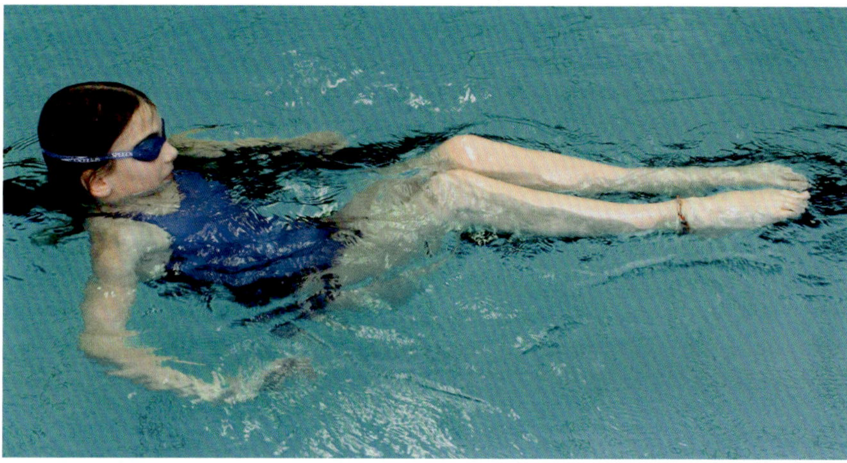

Abb. 20 Zuber

Bewegungsprobleme lösen

⇛ „Archimedes": Ein Schwimmbrett zum Beckenboden transportieren (vgl. Film 6).

⇛ Die Schwimmschüler joggen im bauchtiefen Wasser im Uhrzeigersinn, nach jeweils zwei Runden versucht der Kreis, möglichst schnell gegen den Uhrzeigersinn zu joggen.

⇛ „Fontäne": Zehn Schwimmschüler bilden einen Kreis und stehen in Schrittstellung mit dem Gewicht auf dem vorderen Bein. Nun springen sie aus dieser Ausgangsposition nach einem vorgegebenen Rhythmus abwechselnd auf das hintere und dann wieder auf das vordere Bein. In der Kreismitte entwickelt sich eine Fontäne.

⇛ „Karussell": Die Hälfte der Schwimmschüler („gerade Zahlen") laufen im Kreis, die andere Hälfte („ungerade Zahlen") liegen auf dem Rücken und strampeln, und alle singen: „Ja, mir san' mi'm Radl da ...".

5 SwimStar Blau

5.1 SwimStar Blau - Anforderungen

- ⇛ Hockschwebe in Bauchlage und Ausatmung - Streckschwebe in Bauchlage und Einatmung - Hockschwebe ... (3 × wiederholen; vgl. Film 7 und Abb. 21). 7
- ⇛ **Abfaller** vorwärts aus einer Hockposition (Arme in Vorhalte).
- ⇛ 5 m **Rücken** schwimmen.
- ⇛ 5 m **Kraul** (Gesicht bleibt noch im Wasser, d. h. noch ohne regelmäßige Ein- und Ausatmung) schwimmen.
- ⇛ Hechtschießen und dann mit **Brustarmbewegung** schwimmen (>3 m).

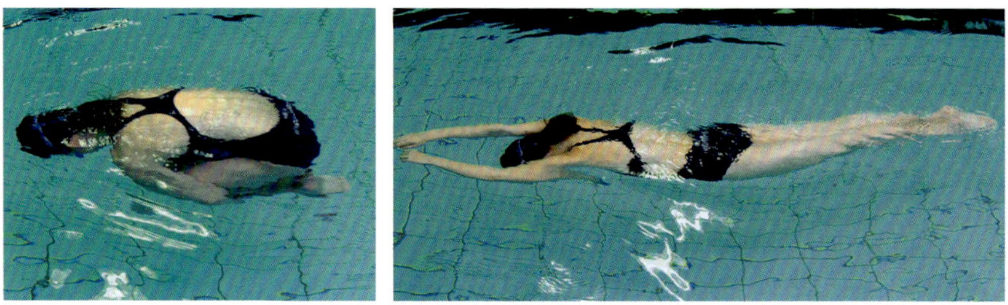

Abb. 21 Hockschwebe - Streckschwebe - Hockschwebe - ...

5.2 Vorrangige motorische Ziele des SwimStars Blau: Grobkoordination der Schwimmarten Rücken, Kraul und der Brustarmbewegung

5.2.1 Rücken- und Kraulschwimmen - ein Einstieg

Wenn die **SwimStars**-Anforderungen Grün und Türkis beherrscht werden, können die Schwimmarten Rücken und Kraul mit einer Einschränkung (= beim Kraulschwimmen gelingt die regelmäßige Ein- und Ausatmung zunächst noch nicht) ganzheitlich eingeführt werden. Nach einer Zeitlupendemonstration der Schwimmarten Rücken und Kraul (Gesicht im Wasser und ohne regelmäßige Ein- und Ausatmung) imitieren die Schüler den Lehrer. Diese optische Maßnahme sollte mehrmals wiederholt und zunächst sparsam mit verbalen Anweisungen begleitet werden: wie „Badehose an die Wasseroberfläche", „Gesicht bleibt im Wasser", „langsam schwimmen" oder „nicht so hastig mit den Armen ziehen/drücken".

Einstiegsmerkmale Rücken

Körperlage und Kopfhaltung

⇛ Möglichst widerstandsarm, d. h. Badehose/Badeanzug nahe der Wasseroberfläche.

⇛ Kopf wird vom Wasser getragen, d. h. die Ohren liegen im Wasser.

Armbewegung Rücken

⇛ Eintauchen, dann Kreisbewegung im Wasser mit ausgeprägten Abwärts- und Aufwärtsanteilen, Ausheben des Arms und Rückholphase über Wasser (rechter Arm und linker Arm nacheinander, Arme annähernd gestreckt).

Beinbewegung Rücken

⇛ Die Beine schlagen gegengleich mehr oder weniger gestreckt abwärts, dann aufwärts und wieder abwärts (mit und ohne Flossen, vgl. Abb. 22).

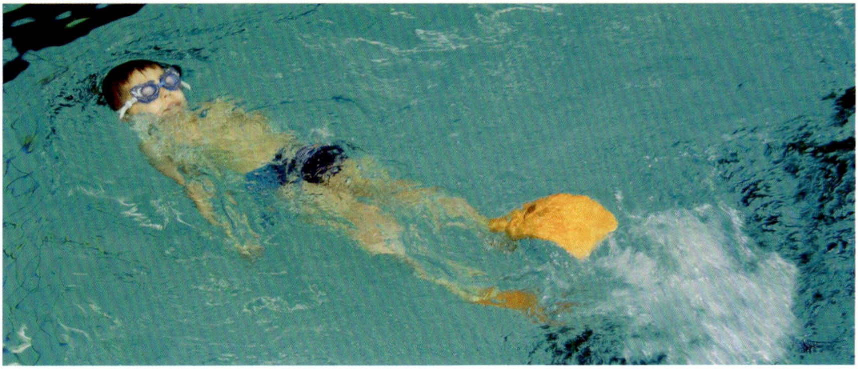

Abb. 22 Mit Flossen Antrieb erleben

Atmung Rücken

⇛ Die regelmäßige Ein- und Ausatmung kann noch nicht erwartet werden.

Zeitliche Kopplung Rücken

⇛ Die Bewegungen des rechten und des linken Arms können zunächst ebenso wenig korrekt gekoppelt werden wie die Atmung mit dem Armzug.
Anmerkung: Zunächst können und sollen nur 3–5 Zyklen geschwommen werden. Die Serie soll nach einer aktiven Pause (z. B. Gleitsprünge) mehrmals wiederholt werden.

Einstiegsfehler Rücken

⇛ Sitzhaltung.

⇛ Vorneigung des Kopfes, d. h. der Kopf wird nicht vom Wasser getragen.

⇛ Rückholphase der Arme im Wasser.

⇛ Aktive Beugung im Kniegelenk.

⇛ Kreisbewegungen mit den Beinen.

Einstiegsübungen Rücken

⇛ Vorbereitung: Arme an Land rückwärts kreisen.

⇛ In Rückenlage mit den Armen neben der Hüfte paddeln und mit den fast gestreckten Beinen strampeln (mit und ohne Flossen). Die Badehose, der Badeanzug bleibt dabei immer an der Wasseroberfläche, außerdem sollten die Kinder den Kopf aufs Wasser legen.

Ganzheitlicher Einstieg

⇛ Die Schwimmschüler imitieren nach den Demonstrationen die Schwimmart Rücken (mit etwa 3 m beginnen und bis 10 m steigern, vgl. Abb. 23, 24).
Anmerkung: Ergänzend zu diesen Einstiegsübungen sollten immer auch die Einstiegsübungen Kraul (s. unten) und immwer wieder die Basisübungen („Eine solide Basis ist entscheidend") zum SwimStar Türkis (vgl. Kap. 4.2.1) angeboten werden.

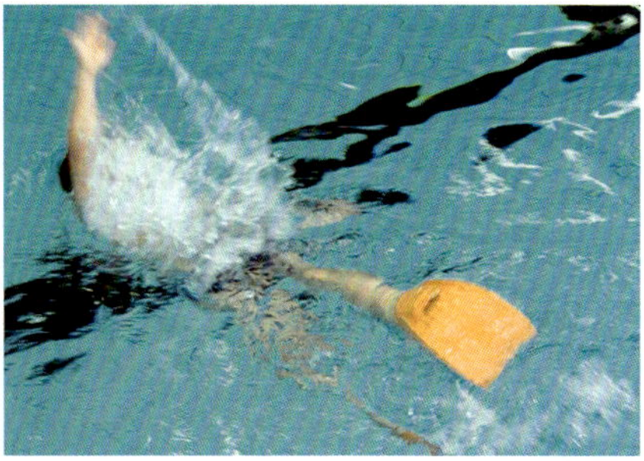

Abb. 23 Mit Flossen sich in Rückenlage antreiben

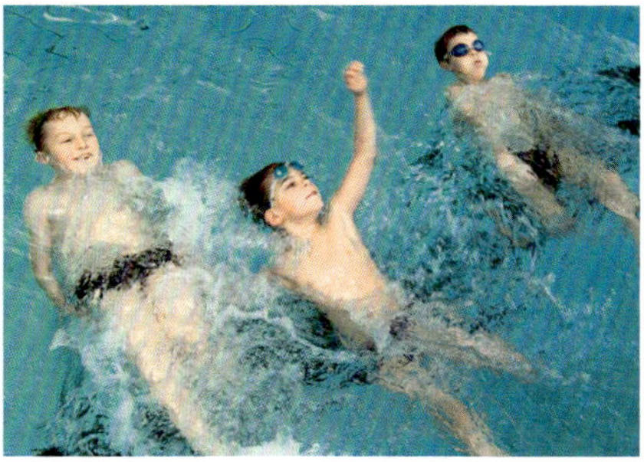

Abb. 24 Grobform Rücken

Fehler und Korrekturmaßnahmen Rücken

Fehler: Sitzhaltung

⇛ Rückenlage parallel zur Beckenwand, ein Arm an der Beckenwand und locker mit den Beinen strampeln; Anweisung: „Zur Decke blicken".

⇛ Rückenbeinschlag mit einem Brett auf dem Bauch; Anweisung: „Badehose an die Wasseroberfläche" oder „Bauch berührt das Schwimmbrett".

⇛ Rückenbeinschlag mit Händepaddeln; Anweisung: „Kopf aufs Wasser legen".

⇛ Partner schleppt den Übenden in Rückenlage mit Oberarm- oder Schultergriff und korrigiert die Körperlage.

Fehler: Aktive Beugung im Kniegelenk oder Kreisbewegungen mit den Fersen

⇛ Überkorrektur: „mit gestreckten Beinen schlagen".

⇛ Rückenbeinbewegung mit einer begleitenden optischen Maßnahme (hier: Lehrer bewegt die gestreckten Arme auf und ab).

⇛ Beinbewegung in senkrechter Position.

⇛ Beinbewegung mit Brett über den Knien: „Die Knie dürfen das Brett nicht berühren".

⇛ Nach einem Fußsprung ins tiefe Wasser mit Hilfe von Strampelbewegungen möglichst schnell wieder auftauchen.
⇛ Partner schleppt den Übenden in Rückenlage und korrigiert.

Einstiegsmerkmale Kraul

Körperlage und Kopfhaltung

⇛ Möglichst widerstandsarm, d. h. Badehose/Badeanzug nahe der Wasseroberfläche.
⇛ Das Gesicht bleibt im Wasser.

Armbewegung Kraul

⇛ Eintauchen, dann im Wasser den Arm aus der Vorhalte mit ausgeprägten Abwärts- und Aufwärtsanteilen ziehen und drücken, dann Ausheben des Arms und den Arm über Wasser vorschwingen (rechter Arm und linker Arm nacheinander, vgl. Abb. 25).

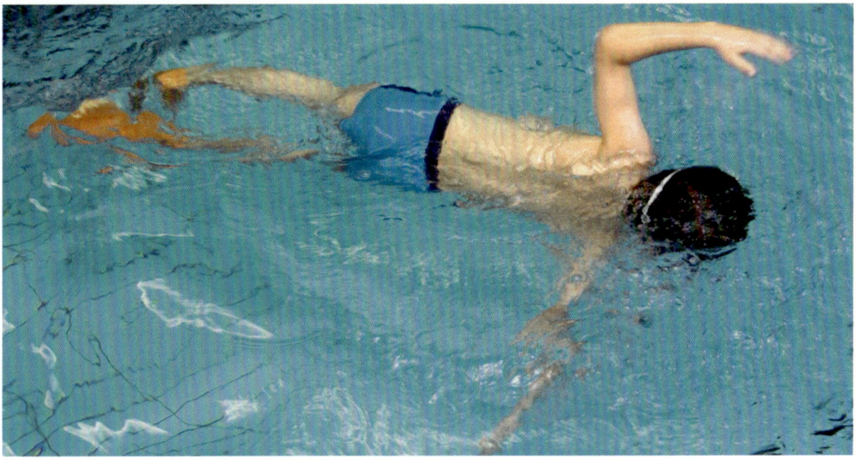

Abb. 25 Kraul mit Flossen und ohne regelmäßige Ein- und Ausatmung

Beinbewegung Kraul

⇛ Die Beine schlagen gegengleich fast gestreckt abwärts, dann aufwärts und wieder abwärts.

Atmung Kraul

⇛ Das Gesicht bleibt zunächst noch im Wasser. Die regelmäßige Ein- und Ausatmung kann noch nicht erwartet werden.

Zeitliche Kopplung Kraul

⇛ Die Bewegungen des rechten und des linken Arms können zunächst ebenso wenig korrekt gekoppelt werden wie die Atmung mit dem Armzug.
Anmerkung: Zunächst können und sollen nur 3–5 Zyklen geschwommen werden.

Einstiegsfehler Kraul

⇛ Gesicht nicht im Wasser.
⇛ Rückholphase der Arme im Wasser.
⇛ Aktive Beugung im Kniegelenk.
⇛ Kreisbewegung mit den Beinen.

Einstiegsübungen Kraul

Ganzheitlicher Einstieg

In Bauchlage Arme parallel zur Beckenwand kreisen und mit den fast gestreckten Beinen strampeln (mit und ohne Flossen), Gesicht bleibt im Wasser – die Schwimmschüler sollten von Anfang an ins Wasser ausatmen. Sie **imitieren** nach den **Demonstrationen** – mit etwa 3 m beginnen und zunächst bis 5 m steigern (vgl. Abb. 26).

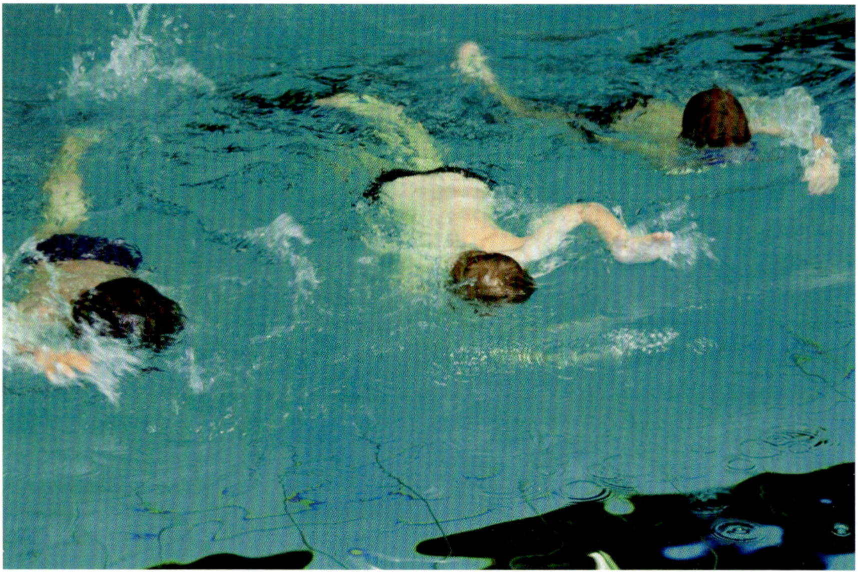

Abb. 26 Grobform Kraul (ohne regelmäßige Ein- und Ausatmung)

Anmerkung: Regelmäßige Ein- und Ausatmung schon beim Einstieg mit folgenden Technikübungen vorbereiten:

⇛ Im bauchtiefen Wasser 5–10× auf den Boden setzen und unter Wasser ausatmen, nachdem über Wasser einmalig eingeatmet wurde.
⇛ Im bauchtiefen Wasser im Wechsel in Hockschwebe ins Wasser ausatmen und im Stand einatmen.
⇛ Mit Brett Kraulbeinbewegung schwimmen, einmalig ein- und möglichst lang ins Wasser ausatmen (vgl. Abb. 27).

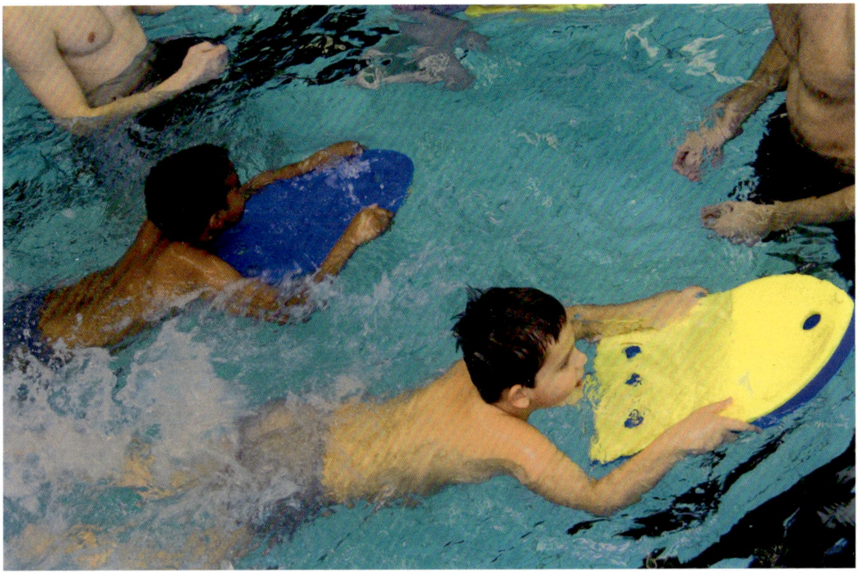

Abb. 27 Kraulbeinbewegung am Brett

Fehler und Korrekturmaßnahmen Kraul

Fehler: Gesicht nicht im Wasser

⇛ SwimStars-Übungsformen Türkis und Blau und Basisübungen (Kap. 4.2.1) wiederholen.
⇛ In Bauchlage mit dem Gesicht im Wasser gleiten.
⇛ Erneute Demonstration.
⇛ Tiefe und flache Delfinsprünge.

Fehler: Aktive Beugung im Kniegelenk

⇛ Siehe oben: Korrekturmaßnahmen bei der Rückenbeinbewegung.

5.2.2 Armbewegung beim Brustschwimmen – ein Einstieg

Technikmerkmale

⇛ Kreisbewegungen der Arme (auswärts → einwärts) aus der Vorhalte und anschließende Streckung (= Rückholphase) der Ellbogengelenke in die Vorhalte.
⇛ Auswärtsanteil bis ungefähr doppelte Schulterbreite.
⇛ Auswärtsanteil im Vergleich zum Einwärtsanteil relativ langsam.
⇛ Übergang zur Rückholphase ohne Stoppaktion.
⇛ Einwärtsanteil betont.
⇛ Vollständige Armstreckung.
⇛ Vor dem Übergang zum Auswärtsanteil immer wieder eine Gleitphase probieren.

Technikfehler

⇛ Auswärtsanteil zu weit bzw. zu eng.
⇛ Übergang zur Rückholphase verzögert.
⇛ Einwärtsanteil nicht betont.
⇛ Arme während der Rückholphase nicht gestreckt.
⇛ Kreisbewegungen bei Zugbeginn überhastet.

Einstiegsübungen

⇛ Im brusttiefen Wasser gehen und Kreisbewegungen der Arme ausführen (auswärts → einwärts und mit Rhythmusvorgabe: l a n g s a m ... schnell).
⇛ Nach Demonstration im bauchtiefen Wasser den „Hubschrauber" (in der Vertikalen) probieren, d. h. im Stand und im Wechsel mit kurzzeitig angehockten Beinen Kreisbewegungen mit beiden Händen ausführen („Handgelenke steif!", „Handflächen führen die Bewegungen!").
⇛ Lehrer bzw. Partner schiebt, die Schwimmschüler führen Kreisbewegungen mit den Armen aus.
⇛ Beim Delfinschießen oder Hechtschießen Kreisbewegungen mit den Armen ausführen.
⇛ „Hubschrauber": Kreisbewegungen mit den Armen (mehr oder weniger parallel zur Wasseroberfläche) und Kraulbeinschlag (mit und ohne Flossen).
⇛ „Hubschrauber" mit Gleitposition der Arme (Schwimmschüler zählt 1, 2, 3).

Fehler und Korrekturmaßnahmen Brust

Fehler: Kreisbewegungen der Arme zu hastig

⇛ Bewegungsvollzüge verzögert demonstrieren.
⇛ Im schultertiefen Wasser gehen und langsam Armkreise ausführen.
⇛ Die Schwimmschüler schieben, den Rhythmus vorgeben oder die Bewegungsausführungen rhythmisch begleiten: **„kreisen** und g l e i t e n".
⇛ Nach Abstoß nur einen Armzug ausführen und danach möglichst lange gleiten (Arme in Vorhalte und Gesicht im Wasser).

Fehler: Handgelenke zu locker und/oder Handrücken zeigt nach außen

⇛ Mit steifen Handgelenken im Stand Wasser vor dem Körper zur Seite schaufeln oder neben den Hüften paddeln.
⇛ Mit Tischtennisbällen in den Händen Brustarmbewegungen schwimmen (u. a. mit Lehrerhilfe - Lehrer schiebt, oder nach dem Hechtschießen oder mit einem Pullbuoy).

5.3 SwimStar Blau - Koordinationstraining

⇛ Unterarme in der Horizontalen umeinander kreisen und gleichzeitig vorwärts, rückwärts oder seitwärts gehen, joggen oder hüpfen oder Beine anhocken oder Beine grätschen oder Beine scheren.

⇛ Die Arme wie beim Kraulschwimmen, Rückenschwimmen, Brustschwimmen bewegen oder mit den Händen neben den Hüften paddeln und dabei vorwärts, rückwärts oder seitwärts durch das Wasser gehen, joggen, hüpfen oder Beine anhocken, Beine grätschen oder Beine scheren.

⇛ Hampelmann (Arm- und Beinamplitude und Bewegungsfrequenz variieren).

⇛ Delfinschießen mit Wechsel der Körperlage (von Bauch- in Seitenlage oder von Rücken- in Bauchlage oder ...).

⇛ In der Streckschwebe einatmen und mit den Beinen strampeln und dann in der Hockschwebe (vgl. Abb. 19) ins Wasser ausatmen – in der Streckschwebe einatmen ...

⇛ Ins Wasser springen (fußwärts eintauchen) und mit Arm- und/oder Beinbewegungen versuchen, den Kopf nicht nass werden zu lassen.

⇛ „Skilanglauf" (vgl. Abb. 6) auf zwei kleinen Schwimmbrettern (in verschiedenen Wassertiefen und immer wieder mit geschlossenen Augen).

⇛ Auf einer Poolnoodle, einem Schwimmbrett liegen, sitzen, hocken, stehen und das Gleichgewicht (vgl. Abb. 28) trotz Zusatzaufgaben stabilisieren (Zusatzaufgaben: Augen schließen, in die Hände klatschen, Tennisbälle übergeben oder werfen und fangen).

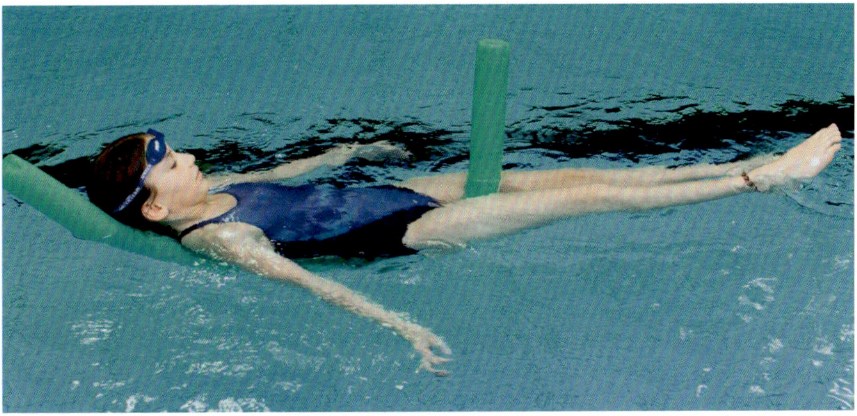

Abb. 28 Gleichgewicht in Rückenlage stabilisieren

⇛ Durch Kopfbewegungen mit und ohne Lehrerhilfe einfache Körperdrehungen auslösen und dann wieder Körperlage stabilisieren (immer wieder mit geschlossenen Augen):

- Kopfvor- und Kopfrückneigungen in Bauch- oder Rückenlage lösen Rotationen um die Breitenachse aus.
- Kopfrotationen (nach links oder rechts) in Bauch- oder Rückenlage lösen Längsdrehungen des Körpers aus (Rücken- und Bauchlage).

8

⇛ In Rückenlage Beinbewegung schwimmen und einen Ball um den Körper kreisen lassen (vgl. Film 8 und Abb. 29).

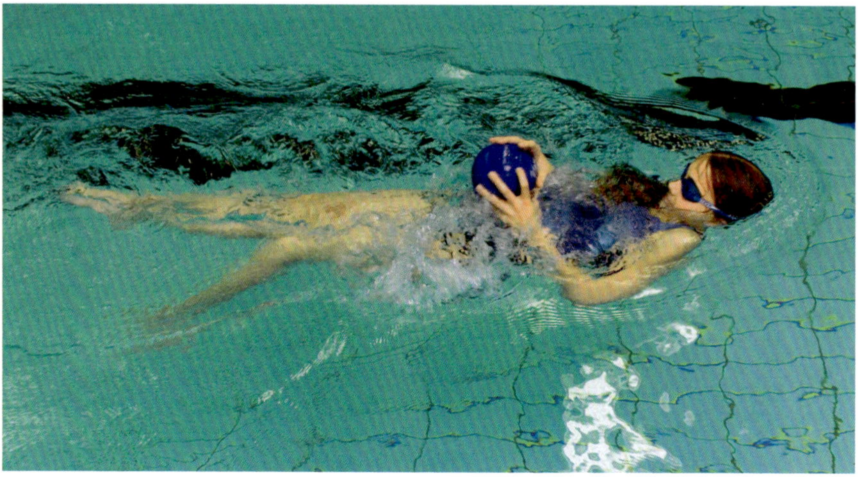

Abb. 29 Rückenlage mit Zusatzaufgabe stabilisieren. Anmerkung: Kopfhaltung nicht ideal.

9

⇛ In Bauchlage Beinbewegung schwimmen, einen Ball nach unten drücken und die Ballposition immer wieder verändern (vgl. Film 9 und Abb. 30).

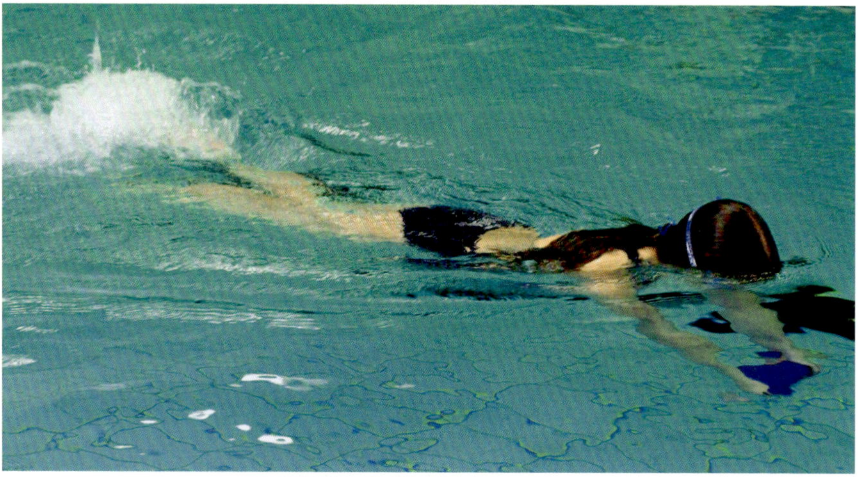

Abb. 30 Bauchlage mit Zusatzaufgabe stabilisieren

Tab. 7 Strukturverwandte Technikmerkmale der Armbewegung

	Armbewegung			
	Zug-Druck-Phase			**Rückholphase**
Schwimmart	**Auswärts- und/ oder Abwärtsanteil**	**Einwärtsanteil**	**Rückwärtsanteil**	**Ausheben/ Vorschwung/ Eintauchen**
Kraul	• Gestreckter Beginn • Rotation um die Längsachse nach rechts • Abwärtsanteil ausgeprägt • Zugbeginn verzögert 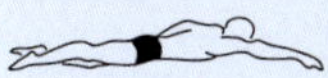	• Beugung im Ellbogengelenk • Innenrotation der Oberarme • Einwärtsanteil betont 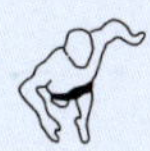	• Streckung im Ellbogengelenk • Rotation um die Längsachse nach links • Abdruck betont 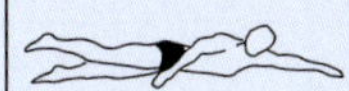	• Körpernah • Schulterbreites Eintauchen • Keine Stopp-Start-Aktionen beim Eintauchen und beim Ausheben • Schultern außerhalb des Wassers • Entspannung während der Rückholphase und Anspannung nach dem Eintauchen
Rücken	• Gestreckter Beginn • Rotation um die Längsachse nach links • Abwärtsanteil ausgeprägt • Zugbeginn verzögert 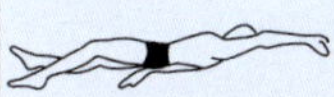	• Beugung im Ellbogengelenk • Innenrotation der Oberarme • Einwärtsanteil betont 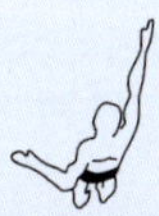	• Streckung im Ellbogengelenk • Rotation um die Längsachse nach rechts • Abdruck betont 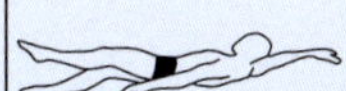	• Körpernah • Schulterbreites Eintauchen • Keine Stopp-Start-Aktionen beim Eintauchen und beim Ausheben • Schultern außerhalb des Wassers • Entspannung während der Rückholphase
Schmetterling	• Gestreckter Beginn • Auswärts-Abwärts-Anteil mehr oder weniger ausgeprägt • Zugbeginn verzögert 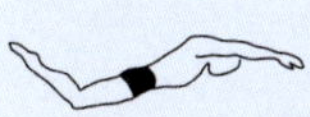	• Beugung im Ellbogengelenk • Innenrotation der Oberarme • Einwärtsanteil betont 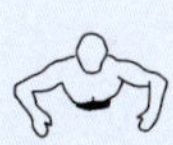	• Streckung im Ellbogengelenk • Abdruck betont 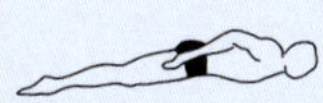	• Körpernah • Schulterbreites Eintauchen • Keine Stopp-Start-Aktionen beim Eintauchen und beim Ausheben • Schultern außerhalb des Wassers • Entspannung während der Rückholphase
Brust	• Gestreckter Beginn • Auswärts-Abwärts-Anteil mehr oder weniger ausgeprägt • Zugbeginn verzögert 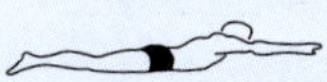	• Beugung im Ellbogengelenk • Innenrotation der Oberarme • Einwärtsanteil betont 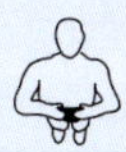		• Vollständige Armstreckung zu Beginn und am Ende der Rückholphase • Keine Stopp-Start-Aktionen 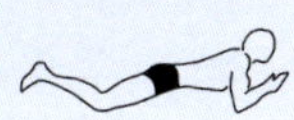

Tab. 8 Strukturverwandte Technikmerkmale der Beinbewegung

	Beinbewegung	
Schwimmart	**Aufwärtsanteil**	**Abwärtsanteil**
Kraul	• Kniegelenk gestreckt • Fußgelenk locker • Aufwärtsanteil betont 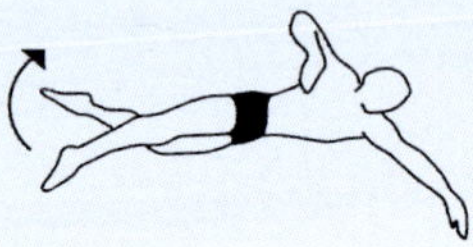	• Kniegelenk gebeugt (Oberschenkel abwärts bei lockerem Kniegelenk) • Aktiver „Kick" bei lockerem Fußgelenk • „Kick" betont 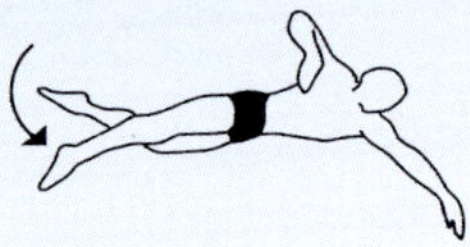
Rücken	• Kniegelenk gebeugt • Oberschenkel abwärts bei lockerem Kniegelenk • aktiver „Kick" bei lockerem Fußgelenk • „Kick" betont 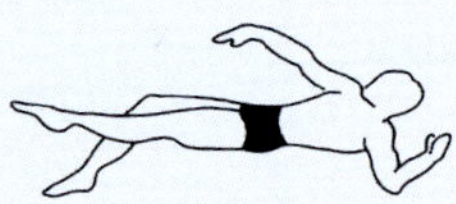	• Kniegelenk gestreckt • Fußgelenk locker • Abwärtsanteil betont 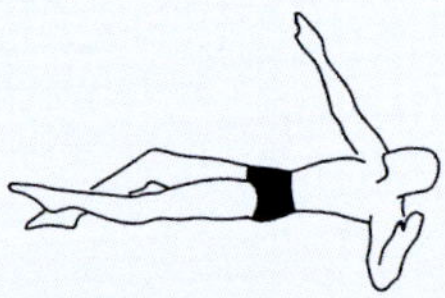
Schmetterling	• Kniegelenk gestreckt • Fußgelenk locker • Aufwärtsanteil betont 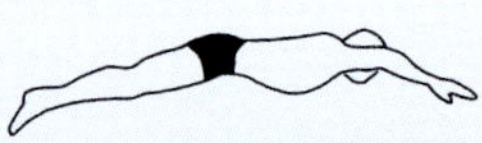	• Kniegelenk gebeugt (Oberschenkel abwärts bei lockerem Kniegelenk) • Aktiver „Kick" bei lockerem Fußgelenk • „Kick" betont 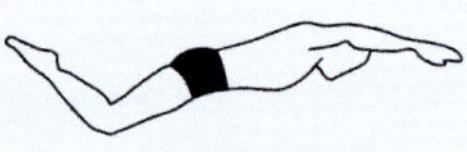
Brust	Auswärts-Abwärts-Anteil der Schlagphase	Einwärts-Abwärts-Anteil der Schlagphase
	• V-Stellung der Unterschenkel vor Auswärts-Abwärts-Anteil • „Charlie-Chaplin-Stellung" der Fußgelenke • Schulterbreite Kniestellung • Betonte Aktion 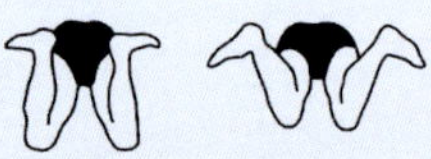	• Späte Beinstreckung und „Maulschellenbewegung" im Fußgelenk • Betonte Aktion 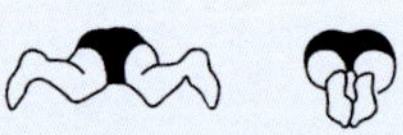

Tab. 9 Strukturverwandte Technikmerkmale der Kopplung der Teilbewegungen

Schwimmart	**Kopplung**	
Kraul	Linker Arm taucht ein Einwärtsanteil des rechten Armes (6er-Kopplung) 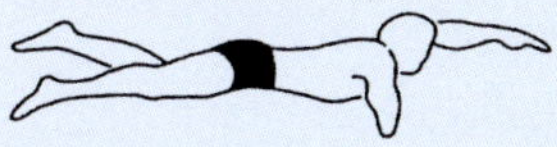	Beginn der Einatmung gegen Ende des Rückwärtsanteils 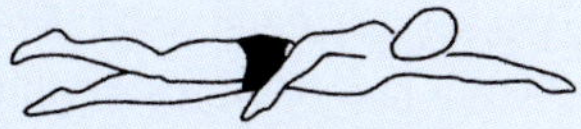
Rücken	Linker Arm taucht ein Rückwärtsanteil des rechten Armes 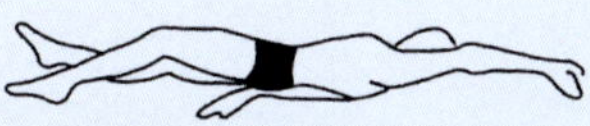	• Einatmung: Zug-Druck-Phase links • Ausatmung: Zug-Druck-Phase rechts 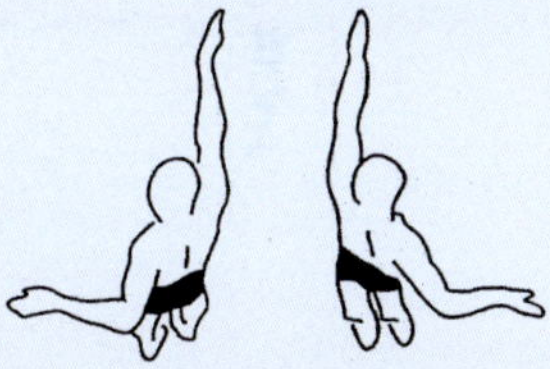
Schmetterling	• Erster „Kick" („Eintauchkick") zu Beginn des Auswärtsanteils • Zweiter „Kick" („Einatmungskick") beim Rückwärtsanteil 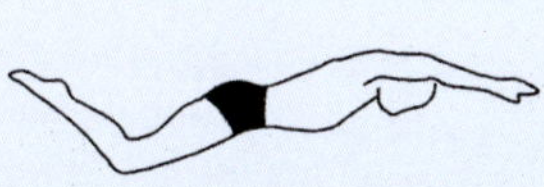	Beginn der Einatmung gegen Ende des Rückwärtsanteils 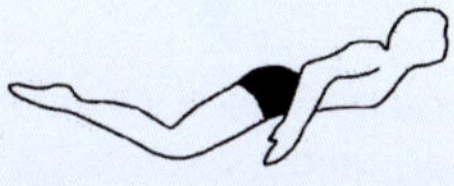
Brust	Schlagphase beginnt, wenn Rückholphase der Arme etwa zu ⅔ beendet ist 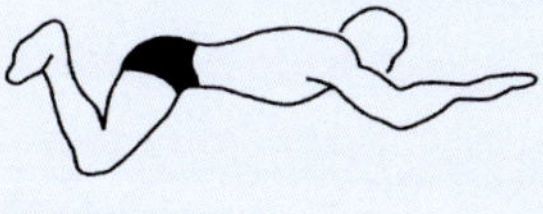	Einatmung gegen Ende des Einwärtsanteils 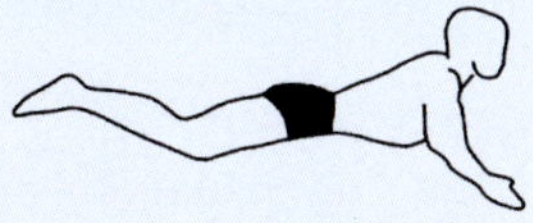

5.4 SwimStar Blau - Konditionstraining (= nur einige ausgewählte Vorgaben)

⇛ Im bauch- bis brusttiefen Wasser 5–10 Minuten kreuz und quer joggen, immer wieder mit einem Partner hochspringen und „high five" mit beiden Händen.

⇛ 8 × 10 m Kraulbeinbewegung (mit Brett zwischen den Armen in Vorhalte) im Wechsel mit Rückenbeinbewegung (mit Brett über den Knien) und dann mit senkrecht eingetauchtem Brett nach jeder 10-m-Strecke zur Wand zurück joggen.

⇛ 10 × 5 m Kraul- und Rückenbeinbewegung im Wechsel (mit Abstoß von der Wand) und dann nach jeder 5-m-Strecke zur Wand zurück joggen.

⇛ 10 × 5 m Brustarmbewegung mit Pullbuoy und dann nach jeder 5-m-Strecke zur Wand zurück hüpfen.

⇛ 20 Minuten Laufschule im brusttiefen Wasser mit und ohne Musikeinsatz (= bpm-Jogging).

⇛ 5–10 Minuten im Tiefwasser nur mit Poolsticks (in jeder Hand ein Poolstick) joggen.

Pro Übungseinheit immer nur 2 oder 3 Konditionsübungen anbieten.
Die Konditionseinheiten sollten in den aktiven Pausen immer wieder durch Koordinationsübungen ergänzt werden.

TopTipps V

⇛ Die Schüler sollen auf dem Niveau der SwimStars Grün, Türkis, Blau zunächst nur **kurze Strecken** (3–5 m) gleiten und schwimmen und sich zwischen den Versuchen ausreichend erholen.

⇛ Immer mit einem **Abstoß** von der Wand oder mit Hecht- oder Delfinschießen beginnen, dann garantiert die Querkraft eine widerstandsarme Körperlage.

⇛ Die Schüler sollen sich die demonstrierten und beschriebenen Bewegungsabläufe immer wieder **vorstellen.**

⇛ Zwischen den schwimmtechnischen Übungen immer wieder **Bewegungsaufgaben** anbieten - z. B. Tauchringe vom Boden fischen, Bretter oder Bälle unter Wasser drücken - und kleine Spiele organisieren.

⇛ Folgende **Materialien** vereinfachen das Lernen: Flossen, Schwimmbretter, Pullbuoys, Poolnoodles.

⇛ Keine **Informationsflut,** d. h. immer nur ein **Bewegungsdetail** anweisen bzw. immer nur einen **Bewegungsfehler** korrigieren.

⇛ Mit **Bewegungsanweisungen** sparen.

⇛ Über das **Bewegungsresultat** informieren und gelungene Aktionen mit einem **Lob** verstärken.

⇛ Viele **Zuwendungsdialoge** führen: „Wie fühlst du dich beim Gleiten in Rückenlage?"

⇛ Lehrende sollten sich immer wieder bewusst machen, dass die Schwimmschüler selbst entscheiden,
- ob sie ins fremde Element Wasser hineinklettern,
- ob sie sich vom Beckenrand lösen und im bauchtiefen Wasser laufen, hüpfen,
- ob sie sich mit und ohne Hilfen ins Wasser legen,
- ob sie mit und ohne Hilfen ins Wasser springen,
- ob sie sich im Wasser absinken lassen,
- ob sie sich im bauchtiefen und dann im tiefen Wasser mit Bewegungen antreiben und eine Strecke bewältigen.

Also: Die Bewältigung der Bewegungssituation Wasser fordert und fördert die Schwimmschüler, aber die Schwimmlehrer sollten unbedingt **Selbstentscheidungen** der Schwimmschüler respektieren und nicht auf abgelehnte Übungsformen beharren. Die Überwindung von Schwellen kann entweder aktiv über eine Reizgewöhnung, die eine immer geringere Reaktion bedingt (gekonnte Übungen variieren und oft wiederholen!), oder über eine Neubewertung der Situation durch den Schwimmschüler erfolgen.

⇛ Für die Episode „Situation Wasser ohne und mit Vorerfahrungen bewältigen" sind die Prinzipien von Gildenhard (1986) unverzichtbare Orientierungen:
- Nach dem **Grobformprinzip** werden z. B. Kreisbewegungen der Arme (mehr oder weniger in der Horizontalen) und Auf- und Abbewegungen der Beine demonstriert und von den Schülern grob imitiert.
- Nach dem **Kombinationsprinzip** werden die Teilaktionen verschiedener Schwimmarten miteinander kombiniert, z. B. Brustarmzug mit Kraulbeinschlag.
- Nach dem **Vielseitigkeitsprinzip** sollen die Schüler die Bewegungssituation Wasser mit vielen verschiedenen Bewegungen erfahren.

Schwimmarten lehren und lernen: „Wir können immer besser schwimmen!" (→ Grobkoordination B, S und Feinkoordination R, K)

SwimStar Schwarz

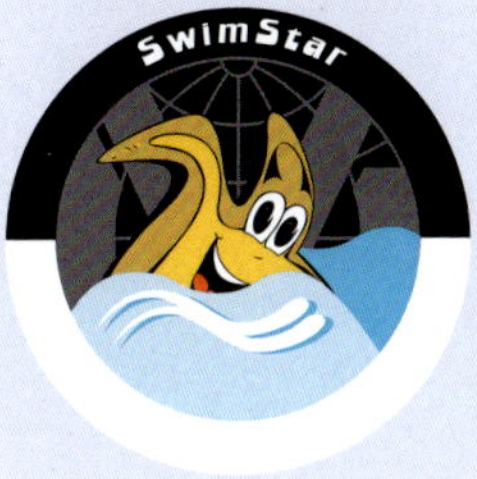

Anforderungen

⇛ **Kopfsprung** vom Beckenrand und >5 m gleiten (Arme in Vorhalte).

⇛ Nach Abstoß unter Wasser mit **Delfinbewegungen** schwimmen (>5 m).

⇛ **Kraul** mit regelmäßiger Ein- und Ausatmung schwimmen (>10 m).

⇛ **Rücken** mit regelmäßiger Ein- und Ausatmung schwimmen (>10 m).

⇛ **Brustbeinbewegung** in Rückenlage (Hände paddeln neben den Hüften) und in Bauchlage (Arme in Vorhalte und Gesicht im Wasser) schwimmen (>5 m).

SwimStar Rot

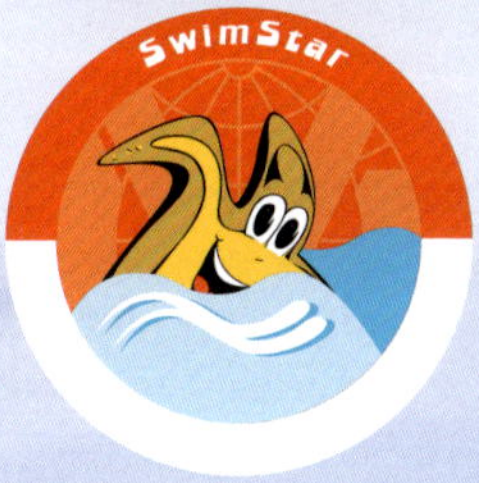

Anforderungen

⇛ Kopfsprung und **50 m Kraul** mit regelmäßiger Ein- und Ausatmung schwimmen.

⇛ Abstoß von der Wand in Rückenlage (kurze Gleitphase unter Wasser und Arme in Vorhalte) und 25 m **Rücken** schwimmen.

⇛ Kopfsprung und **50 m Brust** mit Gleitphasen und regelmäßiger Ein- und Ausatmung schwimmen.

⇛ Kopfsprung und 3 Delfinaktionen mit Flossen unter Wasser und >10 m **Schmetterling mit Flossen** schwimmen.

⇛ **25 m Brust** schwimmen und 3× eine **Rolle vorwärts** ausführen.

SwimStar Gold

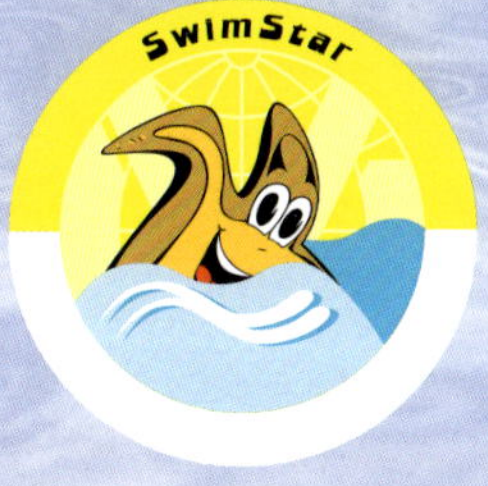

Anforderungen

⇛ Startsprung vom Block und **400 m Kraul** schwimmen.

⇛ Startsprung vom Block und **200 m Brust** schwimmen.

⇛ Startsprung vom Block und **50 m Schmetterling** schwimmen.

⇛ Rückenstart und **200 m Rücken** schwimmen.

⇛ **Rollwende Rücken** und **Rollwende Kraul mit 3 Delfinbewegungen** nach dem Abstoß.

6 SwimStar Schwarz: „Ich kann schwimmen!"

6.1 SwimStar Schwarz – Anforderungen

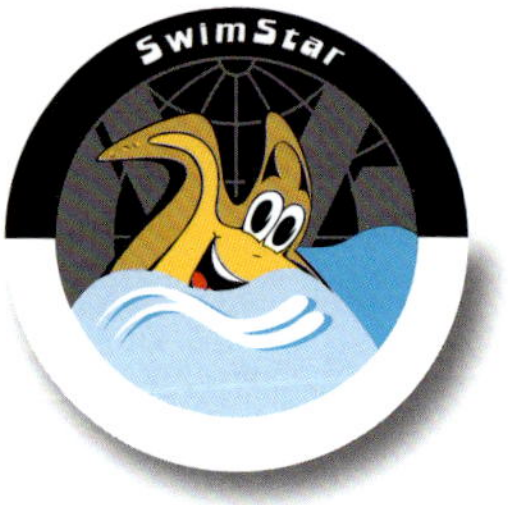

- ⇛ **Kopfsprung** vom Beckenrand und >5 m gleiten (Arme in Vorhalte).
- ⇛ Nach Abstoß unter Wasser mit **Delfinbewegungen** schwimmen (>5 m).
- ⇛ **Kraul** mit regelmäßiger Ein- und Ausatmung schwimmen (>10 m).
- ⇛ **Rücken** mit regelmäßiger Ein- und Ausatmung schwimmen (>10 m).
- ⇛ **Brustbeinbewegung** in Rückenlage (Hände paddeln neben den Hüften) und in Bauchlage (Arme in Vorhalte und Gesicht im Wasser) schwimmen (>5 m).

6.2 Vorrangige motorische Ziele des SwimStars Schwarz: Grobkoordination (S) und Feinkoordination (K, R, B) lehren und lernen

6.2.1 Eine solide Basis ist entscheidend

Gleiten

- ⇛ In Bauchlage (Arme in Vorhalte, Kopf zwischen den Armen) im Wechsel an der Wasseroberfläche und unter der Wasseroberfläche abstoßen (10 × wiederholen).
- ⇛ In Bauchlage unter der Wasseroberfläche abstoßen und sich unter der Wasseroberfläche in die Seiten- oder Rückenlage drehen (Arme bleiben immer in Vorhalte! Durch Mund und Nase ausatmen!).
- ⇛ In Rückenlage nach Abstoß kurz (2–5 m) unter Wasser gleiten (Ausatmung durch die Nase) – Arme in „Tiefhalte" und später in „Vorhalte".
- ⇛ Unter der Wasseroberfläche abstoßen, durch Mund und Nase ausatmen und sich mit Kraul- oder Rückenbeinbewegungen >5 m antreiben.
- ⇛ In Rückenlage von der Wand abstoßen und möglichst lange gleiten (Arme bleiben immer in Vorhalte!); Rotation um die Breitenachse und mit Kraulbeinaktionen zur Wand schwimmen (10 × wiederholen).
- ⇛ In Bauch-, Rücken- oder Seitenlage kurze Strecken fußwärts unter der Wasseroberfläche oder an der Wasseroberfläche gleiten (Abstoß mit den Händen von der Beckenwand).

Eintauchen und Abtauchen

- ⇛ Anlaufen und kopfwärts eintauchen (nur wenn eine rutschfeste Matte auf dem Boden liegt, Wassertiefe 1,80 m).

⇛ Mit einem Pullbuoy (mit Händen oder Füßen festhalten) den Beckenboden (Wassertiefe variieren) berühren.
⇛ Im Tiefwasser auf einem Schwimmbrett stehen und mit dem Schwimmbrett fußwärts abtauchen.

Ins und im Wasser rollen

⇛ Rolle vorwärts im brusttiefen Wasser aus dem Stand.
⇛ Hechtschießen mit anschließender Rolle vorwärts.
⇛ Nach Abstoß von der Wand 2 Rollen unter Wasser ausführen.
⇛ Rolle vorwärts vom Beckenrand (aus der Hockposition) ins Wasser.

Schweben und Gleichgewicht ausbalancieren

⇛ Mit möglichst wenig Kraul- oder Rückenbeinbewegungen die Bauch- oder Rückenlage stabilisieren (Variation von Kopf- und Armpositionen).
⇛ Hockschwebe in Rückenlage möglichst lange ausbalancieren (nach tiefer Einatmung und auch nach vollständiger Ausatmung, vgl. Abb. 31).

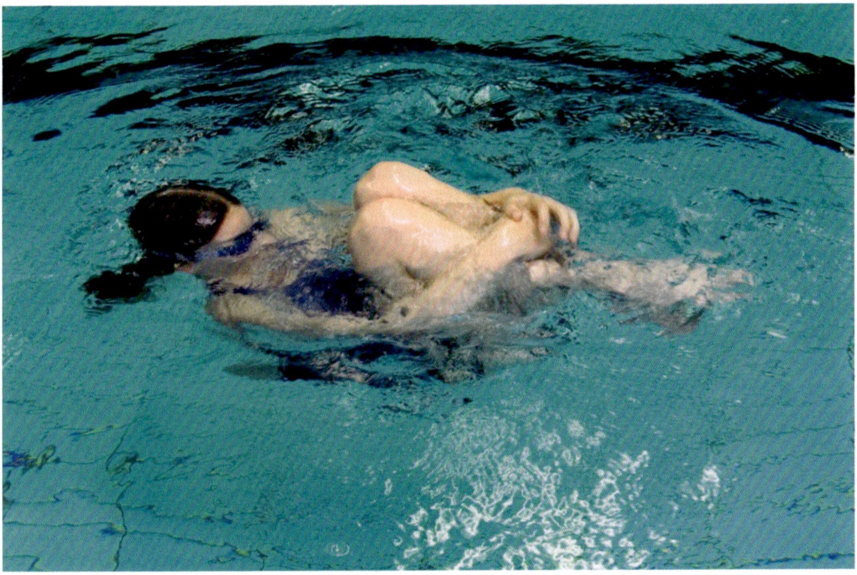

Abb. 31 Hockschwebe in Rückenlage kann nicht stabilisiert werden (→ impossible float)

Ausatmung ins Wasser

⇛ Im bauchtiefen Wasser absinken, sich auf den Beckenboden hocken und durch Mund und Nase ausatmen.
⇛ Am Rand 10 × fußwärts abtauchen und nach dem Auftauchen am Beckenrand zur Einatmung sich mit gestreckten Armen abstützen.

⇛ Im bauchtiefen Wasser Hocke unter Wasser, kurzfristig in Rückenlage schweben und durch Mund und Nase ausatmen.
⇛ In Hockschwebe ausatmen und so lange ausatmen bis der Schwimmer sinkt. Anmerkung: Gelingt nicht immer!

Paddeln

⇛ In Bauch- oder Rückenlage mit den Füßen an der Wand „kleben" und mit den Händen in Kopf- oder Hüfthöhe paddeln.

Bewegungsprobleme lösen

⇛ Beide Hände am Schwimmbrett, ein Pullbuoy zwischen den Beinen und mit den Materialien eine vorgegebene Strecke bewältigen.

6.2.2 Kopfsprung lernen

Einstiegsübungen

⇛ Flache und tiefe Delfinsprünge im bauch- bzw. im schultertiefen Wasser ausführen (vgl. Abb. 32).
⇛ Aus der Sitz- oder Hockposition Rolle vorwärts vom Beckenrand ins Wasser ausführen.
⇛ Aus dem Sitz oder der Hocke, zunächst mit Lehrerhilfe, Abfaller vorwärts (Wassertiefe >1,80 m) probieren (vgl. Abb. 33).
⇛ Aus dem Sitz oder der Hocke abspringen, Körper strecken und mit Armvorhalte >5 m gleiten.
⇛ Durch einen Poolnoodlering springen.
⇛ Aus dem Sitz oder der Hocke über eine Poolnoodle springen.

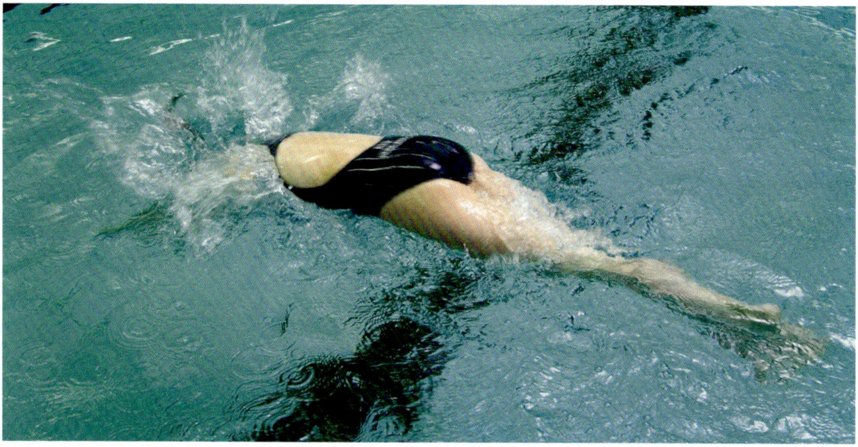

Abb. 32 Flacher Delfinsprung

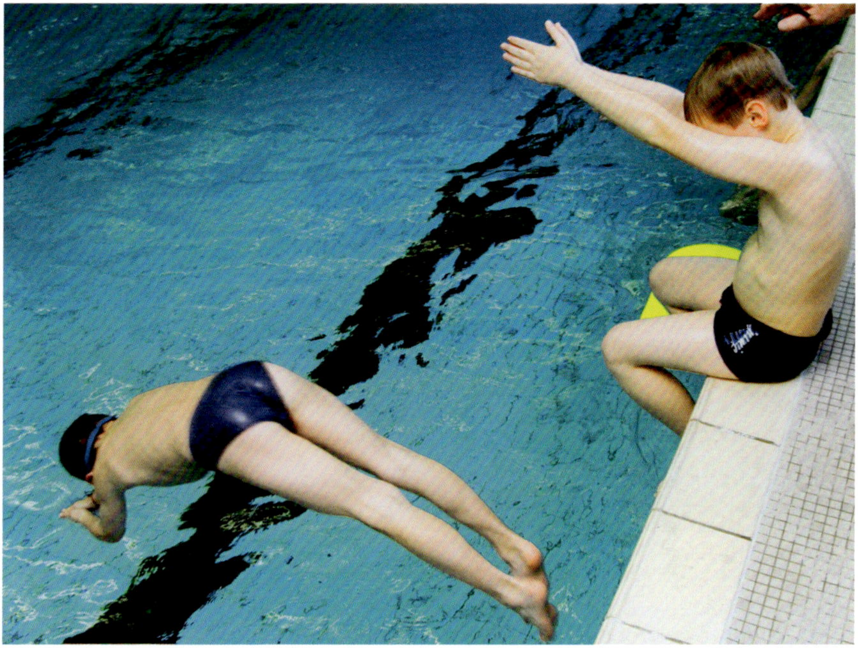

Abb. 33 Sitzabfaller

6.2.3 Delfinbewegung - ein Einstieg

Einstiegsmerkmale

⇛ Aufwärtsanteile mit gestreckten Kniegelenken (Fußgelenke bleiben locker).

⇛ Abwärtsanteil mit „Bogenspannung" (= Überstreckung der Hüftgelenke bei lockeren Kniegelenken) als Vorbereitung einleiten, dann Beugung im Hüftgelenk (Kniegelenke bleiben locker), dann aktiver Kick (Fußgelenke bleiben locker).

Einstiegsfehler

⇛ Aktive Beugung des Kniegelenks.

⇛ Kicks zu schwach.

⇛ Fußgelenk angewinkelt beim Kick.

⇛ Kraulbeinbewegung angedeutet.

⇛ Brustbeinbewegung angedeutet.

Einstiegsübungen

⇛ Im bauchtiefen Wasser flache Delfinsprünge in Rückenlage („Delfinflop") und mit den Kicks Wasser hochschleudern (vgl. Abb. 34).

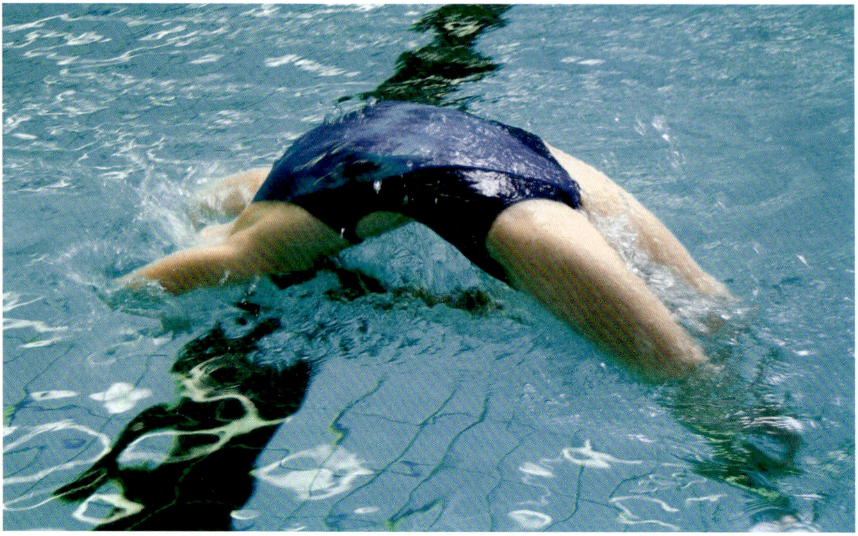

Abb. 34 Delfinflop

⇛ In Bauchlage abstoßen und in der Gleitphase (Arme in Tiefhalte) mit dem Kopf nicken und gleichzeitig mit beiden Beinen „kicken" (mit möglichst hoher Frequenz, mit und ohne Flossen, vgl. Abb. 35).

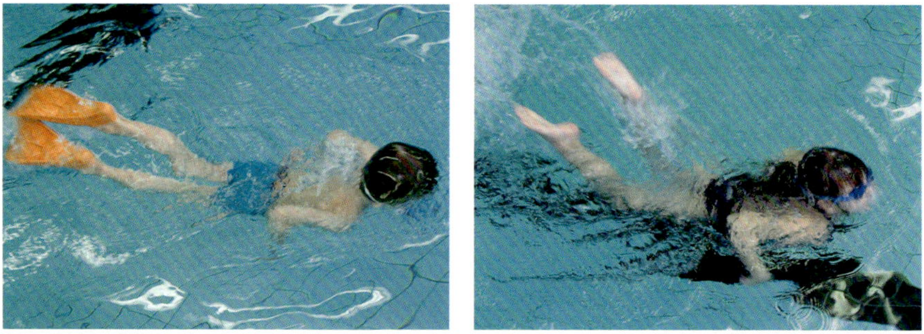

Abb. 35 Nicken und Kicken mit und ohne Flossen

⇛ „Seepferdchen", d. h. ins Sprungbecken fußwärts eintauchen und beim Auftauchen schnelle Hüftbewegungen (vorwärts und rückwärts) ausführen.

⇛ Delfinbewegung in Rückenlage (vgl. Abb. 36); Anweisung: „Bauch an die Wasseroberfläche und dann Kick mit beiden Beinen" (Kopf liegt ruhig auf dem Wasser! Mit möglichst hoher Frequenz! Oberkörper möglichst flach und ruhig halten!).

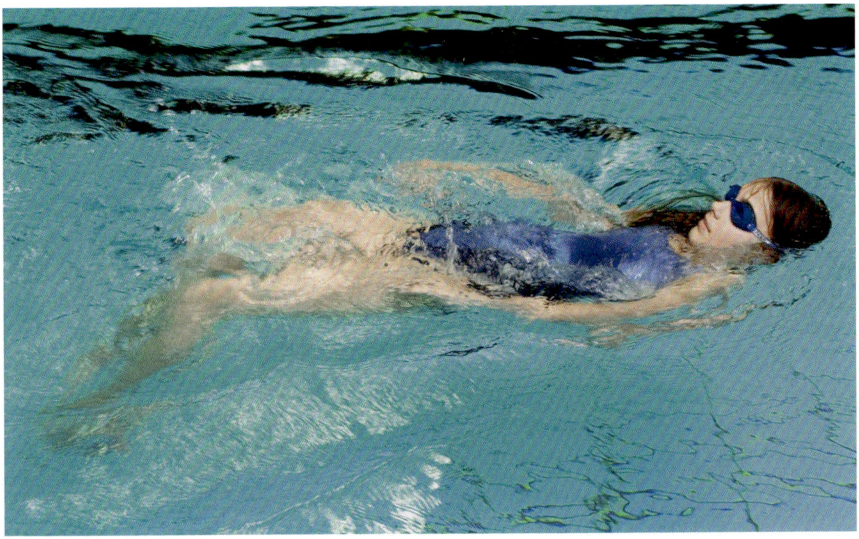

Abb. 36 Delfinbewegung in Rückenlage

6.2.4 Mit der Schwimmart Kraul eine längere Strecke bewältigen

Technikübungen: Regelmäßige Ein- und Ausatmung beim Kraulschwimmen lernen

⇛ In Hockschwebe durch Ausatmung absinken.
⇛ Tauchhüpfer im Tiefwasser mit regelmäßiger Ein- und Ausatmung.
⇛ BAr + KBe schwimmen und pro Zyklus 1 × ein- und lange ausatmen.
⇛ Nach Abstoß Kraul schwimmen (Gesicht bleibt im Wasser, bis 5 zählen) und ins Wasser ausatmen – danach zur Wand zurück joggen (5–10 ×).
⇛ Nach Abstoß beim ersten Armzug einatmen (im Wechsel, mit dem linken oder dem rechten Arm beginnen) und dann ins Wasser ausatmen (5–10 × , vgl. Abb. 37).

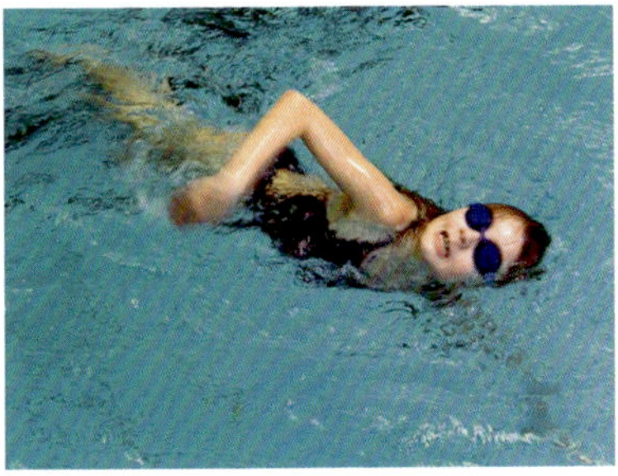

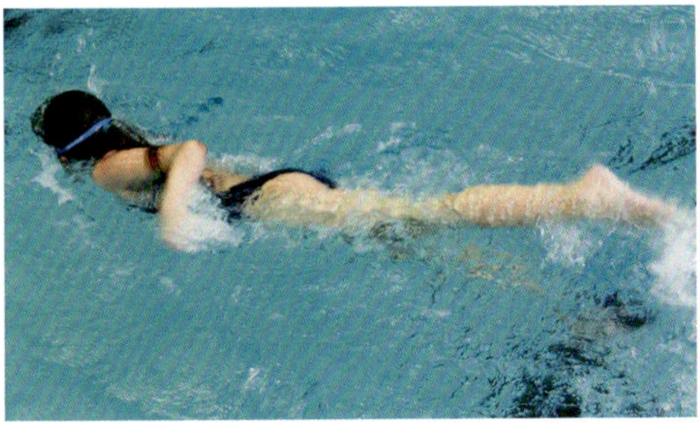

Abb. 37 Grobform Kraul mit regelmäßiger Ein- und Ausatmung

- ⇛ KAr_{ein}: Nach der Einatmung durch Mund und Nase kontinuierlich ins Wasser ausatmen (mit Pullbuoy, mit Flossen, Partner schiebt).
- ⇛ K_{Ab} schwimmen und durch Mund und Nase ausatmen.
- ⇛ Kraul (4er-Zug), d. h. immer nur nach 2 Zyklen einatmen.

6.2.5 Mit der Schwimmart Rücken eine längere Strecke bewältigen

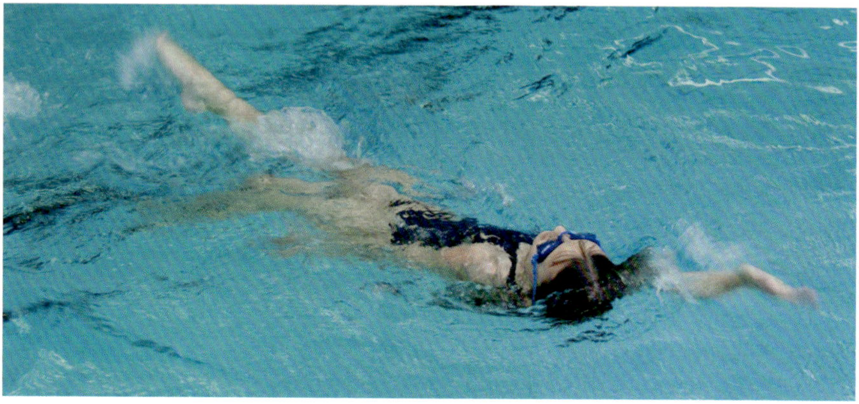

Abb. 38 Eine längere Strecke Rücken schwimmen

Technikübungen

- ⇛ Mit RBe und mit verschiedenen Armpositionen 5–10 m schwimmen – Hände paddeln neben den Hüften (Abb. 39), ein Arm in Hochhalte und ein Arm paddelt neben der Hüfte oder beide Arme in Hochhalte.

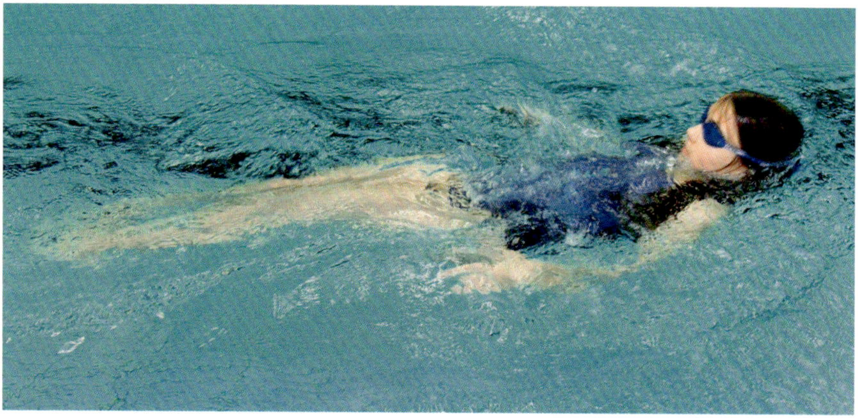

Abb. 39 „Ruderboot“

⇛ RAr_{Do} schwimmen, während des Unterwasserzuges ausatmen und während der Rückholphase einatmen - mit Pullbuoy, Flossen oder mit Rückenbeinschlag.

⇛ Im Wechsel RAr_{Do} und RAr (>10 m) - mit Pullbuoy, Flossen oder mit RBe.

⇛ Rücken einarmig mit oder ohne Pullboy-Unterstützung (Anweisung: „Beim Ausheben die Hand schnell von der Hüfte wegführen").

⇛ Rücken mit Flossen schwimmen (Anweisung: s. oben).

6.2.6 Beinbewegung beim Brustschwimmen - ein Einstieg

Brustbeinschlag zunächst mit einer Trockenübung imitieren

⇛ Der Schwimmlehrer demonstriert die Bewegung des Brustbeinschlags gekoppelt mit Instruktionen.

⇛ Ein Schwimmschüler liegt in Bauchlage auf einer Bank bzw auf einem Schwimmbrett auf dem Boden. Der Schwimmlehrer unterstützt die Schwimmschüler mit taktilen Hilfen (z. B. Hände auf die Fußsohlen der Schwimmschüler legen).

Bewegungsablauf

1. Ausgangsposition: Beine und Füße strecken.
2. Kniegelenke beugen, d. h. „Fersen ans Gesäß" und beide Fußgelenke beugen: „Die Fußzehen zeigen zum Knie".

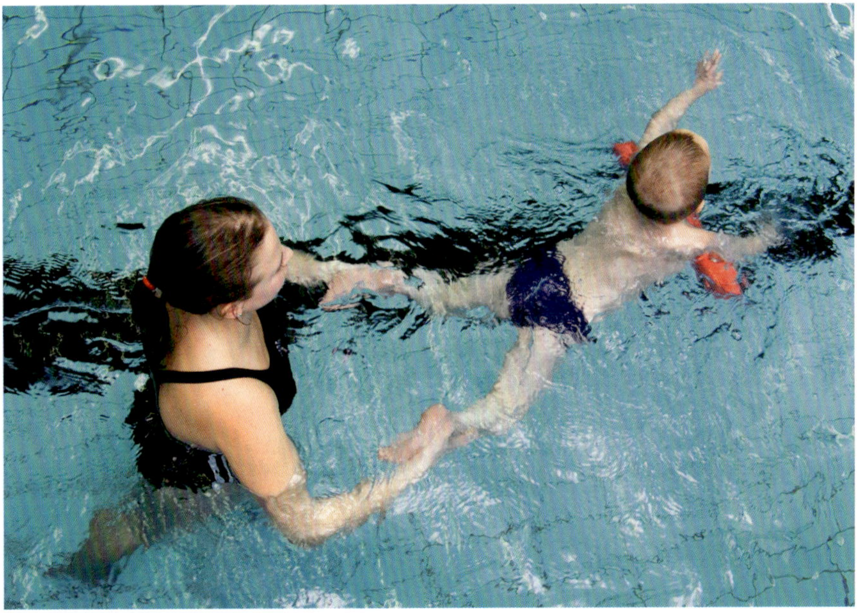

Abb. 40 Brustbeinschlag in Bauchlage

3. Fußspitzen auswärts drehen (Fußgelenke sind weiterhin gebeugt).
4. Kreisbewegung der Fersen zurück in die Streckung (Fußgelenke bleiben während der Kreisbewegung weitherin gebeugt.)

Die Schwimmschüler führen diese Übungsfolge anschließend als Partnerübung immer mit Unterstützung des Schwimmlehrers durch. Der Schwimmlehrer korrigiert die taktile Hilfe der Mitschüler.

Anmerkung zur taktilen Hilfe: Die Handflächen liegen jeweils auf den Fußsohlen. Die Daumen umgreifen die Innenseite des Fußes, die Finger die Außenseiten des Fußes.

Einstiegsmerkmale

⇛ Beugung der Kniegelenke und danach Kreisbewegung der Fersen (auswärts/rückwärts/abwärts → einwärts/rückwärts/abwärts) mit angewinkelten Fußgelenken (bei Schlagbeginn Fersen in der Horizontalebene bewegen).

⇛ Rückholphase (= Beugung der Kniegelenke) im Vergleich zur Schlagphase (= Kreisbewegung) optimal langsam.

⇛ Nach jeder Schlagphase zählen die Schwimmschüler 1, 2, 3 (→ Gleitphase).

Einstiegsfehler

⇛ Rückholphase überhastet.

⇛ Keine Kreisbewegung mit horizontalem Schlagbeginn, d. h. Kick von einem Bein oder von beiden Beinen (= „Schere" oder „Delfinkick").

Einstiegsübungen

Der komplizierte Brustbeinschlag - der korrekt ausgeführte Brustbeinschlag ist die schwierigste Teilbewegung - sollte nach dem **„Prinzip der graduellen Annäherung"** gelehrt werden. Der Bewegungsablauf sollte zunächst an Land **demonstriert** und dann von den Schülern an Land **imitiert** werden (im Sitz und in der Bauchlage). Diese Vorübungen an Land ersetzen eine komplexe Bewegungsbeschreibung und liefern den Schülern ein erstes Abbild des Bewegungsablaufs. Den Vorübungen an Land folgen die Übungsformen am/im Wasser:

⇛ Die Schwimmschüler sitzen mit Unterarmstütz am Beckenrand (Füße und Unterschenkel im Wasser). Dabei wird das Hüftgelenk möglichst nahe an den Beckenrand geschoben. Die Schwimmschüler führen die Bewegung, wie oben beschrieben, nun im Sitz aus.

Immer wieder mit taktiler Hilfestellung des Schwimmlehrers oder Partners, später immer wieder die Bewegung auch ohne taktile HIlfe ausführen:

1. Die Schwimmschüler starten mit gestreckten Beinen.
2. Die Kniegelenke und Fußgelenke beugen, d. h. die Fersen bewegen sich gleichzeitig bis zur Beckenwand.
3. Füße und Unterschenkel auswärts drehen.
4. Kreisbewegung der Fersen zurück in die Streckung. Brustbeinaktion in Rückenlage mit Brett über den Knien (Lehrer oder Partner schleppt zunächst noch),

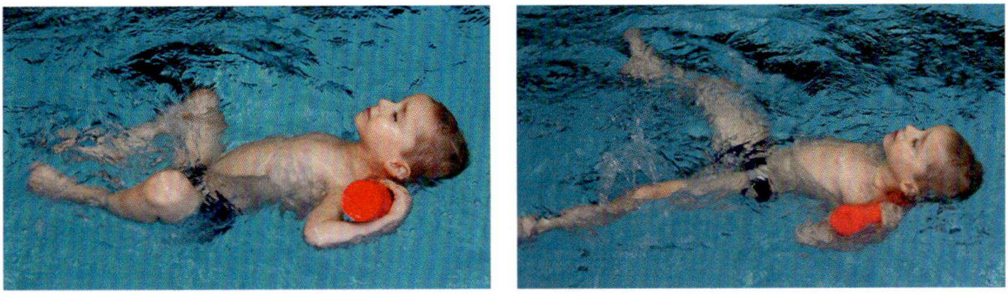

Abb. 41 Brustbeinschlag in Rückenlage

dann ohne Brett mit Händepaddeln. Eine begleitende Demonstration ist möglich, d. h. der Schwimmlehrer geht am Beckenrand mit und beschreibt synchron zum übenden Schüler Kreise mit den Händen (vgl. Abb. 40.)

⇛ Die Schwimmschüler hängen in vertikaler Position an der Beckenwand und drücken ihren Bauch Hüfte gegen diese. Die Unterarme werden dabei auf dem Beckenrand abgelegt. Die Schwimmschüler führen die einzelnen Teilbewegungen des Brustbeinschlags in der vertikalen Position zunächst gemeinsam nach Instruktion des Schwimmlehrers, später eigenständig aus.
- Die Beckenwand verhindert eine Beugung des Hüftgelenks während der Rückholphase.
- Beugt einer Schrägstellung der Hüfte vor.

⇛ Brustbeinaktion in Bauchlage mit Brett in Vorhalte. Dabei möglichst auf eine Gleitphase in der Streckung, d. h. nach der Schlagphase und vor der Rückholphase, achten.

⇛ Brustbeinaktion in Rückenlage mit Brett unter dem Kopf (Lehrer oder Partner schleppt zunächst noch), dann ohne Brett mit Händepaddeln. Eine **begleitende Demonstration** ist möglich, d. h. der Lehrer geht am Beckenrand mit und beschreibt synchron zum übenden Schüler Kreise mit den Händen (vgl. Abb. 40).

Fehler und Korrekturmaßnahmen Brust

Fehler: „Schere" oder „Delfinkick", d. h. Schlagbewegung und keine Kreisbewegung mit einem oder beiden Beinen (Ursache: Fußgelenk gestreckt)

⇛ Erneute Demonstration der Brustbeinaktion im Wasser und an Land.

⇛ Wirksames Sprachbild, z. B. „Charlie-Chaplin-Technik", verwenden und das Bild am Beckenrand demonstrieren.

⇛ Kreisbewegung der Fersen in senkrechter Position dicht an der Beckenwand (Bauch und Knie berühren die Beckenwand).

⇛ Kreisbewegungen in Rückenlage (Kopf liegt auf einem Schwimmbrett) – der Lehrer begleitet den Schwimmer am Rand und demonstriert die Kreisbewegungen synchron.

6.3 SwimStars – Koordinationstraining

10–13

⇛ KBe, RBe, BBe, DBe in Bauch-, Rücken-, Seitenlage und in vertikaler Position ausführen (vgl. Film 10, 11, 12, 13).

14–15

⇛ BAr mit KBe oder SBe koppeln (vgl. Film 14, 15).

16

⇛ K_{Ab} mit SBe koppeln (vgl. Film 16).

⇛ RAr_{Do} mit BBe in Rückenlage koppeln.

⇛ K, R: 5 m in der „Brandung" schwimmen: Die Schwimmschüler bilden eine Gasse und machen mit Schwimmbrettern Wellen, jeweils zwei Schwimmschüler schwimmen durch die Wellen und stellen sich an das Ende der Gasse.

⇛ KBe, RBe mit Schwimmbrettern: 6 × entspannt, 6 × mit übertrieben starken Muskelkontraktionen, 3 × entspannt, 3 × mit übertrieben starken Muskelkontraktionen, 2 × entspannt, 2 × mit übertrieben starken Muskelkontraktionen.

⇛ KBe oder RBe: mit kleiner, mittlerer, großer Amplitude schwimmen.

⇛ Körperlage (Rücken- und Bauchlage mit und ohne Pullbuoy) ausbalancieren: Durch Ausheben und Wiedereintauchen eines Arms (beider Arme), eines Beins (beider Beine) das Gleichgewicht um Breiten- und Längsachse auslenken und wieder stabilisieren – nach einigen Versuchen die Auslenkung verstärken (größere Teilmassen immer länger aus dem Wasser heben).

6.4 SwimStar Schwarz – Konditionstraining – einige ausgewählte Vorgaben

⇛ 10 × 10 m RBe, KBe und BBe im bauchtiefen Wasser und nach jeder 10-m-Strecke mit Delfinsprüngen zur Abstoßwand zurück.

⇛ 10 × 10 m BAr und KBe, nach jeder 10-m-Strecke mit RBe zur Wand zurückschwimmen (Wiederholungspausen nach einigen Trainingseinheiten verkürzen).

⇛ KBe in der Vertikalen und immer wieder ein Arm oder beide Arme kurz in die Hochhalte (der andere Arm paddelt neben der Hüfte, mit und ohne Flossen).

⇛ In der Vertikalen KBe mit Flossen und möglichst bis zum Bauchnabel auftauchen.

⇛ BBe in der Vertikalen, mit einem Partner einen Ball hin- und herwerfen.

Pro Übungseinheit immer nur 2 oder 3 Konditionsübungen anbieten. Die Konditionsübungen sollten in den aktiven Pausen immer wieder durch Koordinationsübungen ergänzt werden.

7 SwimStar Rot

7.1 SwimStar Rot - Anforderungen

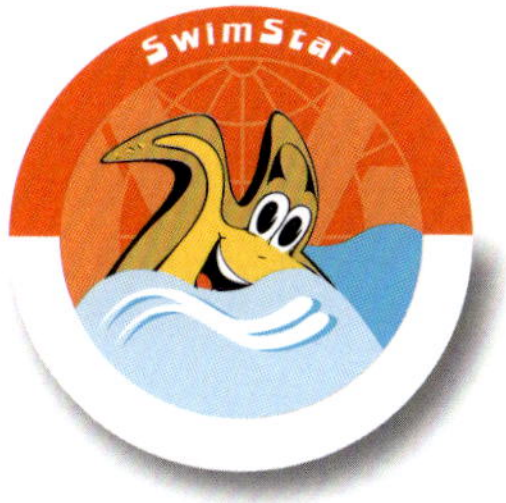

- ⇛ Kopfsprung und **50 m Kraul** mit regelmäßiger Ein- und Ausatmung schwimmen.
- ⇛ Abstoß von der Wand in Rückenlage (kurze Gleitphase unter Wasser und Arme in Vorhalte) und 25 m **Rücken** schwimmen.
- ⇛ Kopfsprung und **50 m Brust** mit Gleitphasen und regelmäßiger Ein- und Ausatmung schwimmen.
- ⇛ Kopfsprung und 3 Delfinbewegungen mit Flossen unter Wasser und >10 m **Schmetterling mit Flossen** schwimmen.
- ⇛ **25 m Brust** schwimmen und 3 × eine **Rolle vorwärts** ausführen.

7.2 Vorrangiges Ziel des SwimStars Rot: Feinkoordination der Schwimmarten Kraul, Rücken und Brust

7.2.1 Eine solide Basis ist entscheidend

Gleiten

- ⇛ Im Rücken-, Bauch- oder Seitenlage abstoßen und möglichst lange gleiten (Arme in Vorhalte).
- ⇛ Delfinsprünge (vorwärts, rückwärts, seitwärts) und möglichst lange gleiten.
- ⇛ Beim Brustschwimmen zwischen den Zyklen immer wieder möglichst lange gleiten (Gesicht bleibt während der Gleitphase im Wasser, ausatmen und bis 5 zählen).

Eintauchen und Auftauchen

- ⇛ Fußwärts (auch mit Schraubendrehungen - halbe, ganze, anderthalbfache Schraube) eintauchen.
- ⇛ Rolle vorwärts vom Beckenrand.
- ⇛ Flugrolle aus Hockposition vom Rand ins Wasser.
- ⇛ Nach einem kräftigen Brustbeinschlag (vertikal im tiefen Wasser) fußwärts abtauchen, sich auf den Beckenboden hocken, vom Beckenboden kräftig abstoßen und nach dem Auftauchen 5 kräftige BBe ausführen (vgl. Film 17).

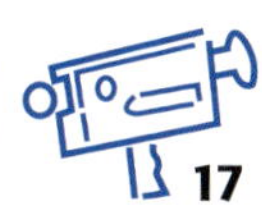
17

Schweben und Abtauchen

- ⇛ In Bauchlage schweben und nach einem forcierten Hüftknick kopfwärts abtauchen und Beine senkrecht aus dem Wasser heben (Beine möglichst weit aus dem Wasser heben, denn das Gewicht der Beine drückt den Körper nach unten).

Steuern der Bewegungsrichtung

⇛ Nach einem Abstoß von der Beckenwand 5 m unter Wasser gleiten (Arme in Vorhalte), ½ Rolle vorwärts in die Rückenlage – mit Rückenbeinschlag zum Beckenrand zurückschwimmen (10 × wiederholen).

⇛ Nach einem Abstoß unter Wasser den gleitenden Körper ablenken (mit dem Kopf und/oder mit den Händen steuern): nach oben, nach unten und zur Seite.

Ausatmung ins Wasser

⇛ In Bauch- oder Rückenlage sich 10 s auf den Beckenboden legen und durch Mund und Nase ausatmen.

⇛ Abstoß vom Beckenrand, 5 Tauchzüge ausführen und durch Mund und Nase ausatmen.

Paddeln (= skullen)

⇛ In vertikaler Position paddeln und mit schnellen und kräftigen Bewegungen immer wieder mit den Schultern die Wasseroberfläche durchstoßen (mit KBe oder mit einem Pullbuoy).

⇛ In Rücken- und Bauchlage kopfwärts paddeln (Handrücken zeigt beim Paddeln immer in Bewegungsrichtung).

Bewegungsprobleme lösen

⇛ Delfinsprünge im tiefen Wasser ausführen (nach jedem Sprung mit den Händen den Beckenboden berühren und sich vor dem nächsten Sprung auf den Beckenboden hocken).

⇛ Tauchhüpfer: Im Tiefwasser Arme aus dem Wasser heben und in vertikaler Position mit gestreckten Armen (Hochhalte) absinken (Ausatmung!), kurz in der Hockposition am Beckenboden verweilen, dann vom Beckenboden abstoßen und sich gleichzeitig mit den Armen vom Wasser abdrücken (beide Arme gleichzeitig). Beim Auftauchen einatmen, Arme aus dem Wasser und in vertikaler Position mit gestreckten Armen wieder absinken (mit und ohne Drehungen um die Körperlängsachse oder synchron mit Partner oder über Wasser dem Partner Tennisbälle übergeben oder zuwerfen).

Exkurs: 4 Bewegungsexperimente zum Antrieb

Die Filmszenen (Filme 18–20) illustrieren die wesentlichen Antriebsvoraussetzungen (Tabelle 10):

18–20

⇛ Die Handflächen müssen im Bewegungszyklus immer zur Anströmungsrichtung (→ diagonal zur/gegen die Schwimmrichtung) orientiert werden, um Wassermassen gegen die Schwimmrichtung zu beschleunigen. Antriebsübung I: In Bauchlage mit den Armen paddeln – mit KB oder Pullbuoy (vgl. Film 18, 19, 20).

⇛ Antrieb ist prinzipiell auch mit einer Raddampfer-Aktion (→ direkt gegen die Schwimmrichtung) möglich (Film 20).

Tab. 10 Beschreibungsgrößen, die für den Antrieb wesentlich sind; Antriebsvoraussetzungen selbst erfahren

Szene	Antriebsreaktion	Anstellwinkel	Veränderung des Anstellwinkels	Zugwinkel
Film 18	Kein Antrieb	>0°	Keine Veränderung	90°
Film 19	Antrieb	>0°	Veränderung des Anstellwinkels (= Orientierung der Handfläche zur Anströmung hin)	90°
Film 20	Antrieb	ca. 90°	Beim Zug keine Veränderung des Anstellwinkels	0°

Schlußfolgerungen

Zick-Zack-Muster, die mehr oder weniger stark gegen die Schwimmrichtung ausgerichtet sind, und eine kontinuierliche Neuorientierung der Handflächen sind wesentliche Voraussetzungen für den Antrieb.

7.2.2 Kraul perfekt

Technikmerkmale und Technikfehler (vgl. Tabelle 11 und Kap. 8.2.2)

Tab. 11 Technikmerkmale und Technikfehler der Schwimmart Kraul

Technikanteile/ Bewegungskopplungen	Technikmerkmale	Technikfehler
Kopfaktion, Körperlage	- Kopfdrehung um die Körperlängsachse - Anstellwinkel des Körpers optimal klein - Stabile Körperposition - Rollbewegung um die Längsachse zur jeweiligen Eintauchseite der Arme	- Kopf zu tief - Kopf zu hoch - Kopf wird bei der Einatmung angehoben - Pendelbewegung der Beine in der Horizontalebene - Rollbewegung nicht ausgeprägt
Beinbewegung Aufwärts Abwärts	- Aufwärtsanteil mit gestrecktem Kniegelenk, Fußgelenk bleibt locker - Abwärtsanteil: Überstreckung des Hüftgelenks als Vorbereitung, dann aktive Beugung des Hüftgelenks (Kniegelenk bleibt locker, passive Beugung des Kniegelenkes durch die „Wasserkraft"), dann aktiver Abwärtskick (Fußgelenk bleibt locker) - Füße einwärts gedreht	- Fußgelenk nicht locker - Aktive Beugung des Kniegelenks - Füße nicht einwärts gedreht
Armbewegung Rückholphase/ Eintauchen	- Körpernah und locker - Eintauchen etwa schulterbreit - Hand taucht vor dem Ellbogen ein, Streckung des Ellbogengelenks (mehr oder weniger stark ausgeprägt)	- Nicht locker - RH-Phase nicht körpernah - Hand taucht nicht vor der jeweiligen Schulter ein - Eintauchen zu früh

Technikanteile/ Bewegungskopplungen	Technikmerkmale	Technikfehler
Armbewegung Zug-Druck-Phase Ausheben	- Optimal dosierter Zugbeginn und Streckung des Ellbogengelenks (mehr oder weniger stark ausgeprägt) – „Fingerspitzen" pflügen - Innenrotation der Oberarme und dann betonte Beugung des Ellbogengelenks (= „Ellbogen-vorne-Haltung"); „Daumenkante" pflügt - Einwärtsanteil betont und bis Körpermitte (Handfläche diagonal zur die Bewegungsrichtung der Hand angestellt) - Rückwärtsanteil (betonte Streckung des Ellbogengelenks); zunächst pflügt die Kleinfingerkante, danach das Handgelenk (Handfläche diagonal zur/gegen die Bewegungsrichtung der Hand angestellt). - Keine Verzögerung bei Zugbeginn und beim Ausheben	- Abwärtsanteil bei Zugbeginn überhastet - Innenrotation der Oberarme nicht ausgeprägt (= „Ellbogen-vorne-Haltung" nicht ausgeprägt) - Z-D-Phase außerhalb der Körperlängsseite - Einwärtsanteil nicht betont - Rückwärtsanteil nicht betont (= Abdruck) - Z-D-Phase zu früh abgebrochen - Anstellwinkel der Hand ist der Bewegungsrichtung nicht angepasst - Verzögerung beim Zugbeginn - Verzögerung beim Ausheben
Zeitliche Kopplung	- Linker Arm taucht ein, rechter Arm vor, unter oder hinter der Schulterachse (= 3 mögliche Varianten) - Einatmung beim Abdruck	- Rechter Arm holt linken Arm beim Eintauchen ein - Einatmung zu früh - Einatmung zu spät

Technikübungen

⇛ Nacheinander K_{Ab} (1-fach, 2-fach, 3-fach, 2-fach, 1-fach) schwimmen.

⇛ 2-er-, 3-er-, 4-er-, 5-er-Zug nacheinander schwimmen.

⇛ K_{ein} schwimmen, nacheinander:
- mit betont langsamem Zugbeginn,
- mit betonter Beugung im Ellbogengelenk,
- mit betontem Abdruck.

⇛ Jeweils 4–6 Zyklen K_{Ab} (Konzentration auf ein Technikmerkmal; vgl. Kap. 8.2.2) und anschließend 4–6 Zyklen Kraul schwimmen.

⇛ 4–6 Zyklen K_{ein} (Konzentration auf ein Technikmerkmal; vgl. Kap. 8.2.2), danach 4–6 Zyklen Kraul schwimmen.

⇛ Eine Bahn mit möglichst wenigen Zyklen bewältigen.

⇛ Mit Partner synchron Kraul schwimmen.

⇛ Locker Kraul schwimmen und bei jeder ungeraden Bahnzahl die Frequenz kontinuierlich bis zur Wende steigern (mit möglichst niedriger Frequenz beginnen!).

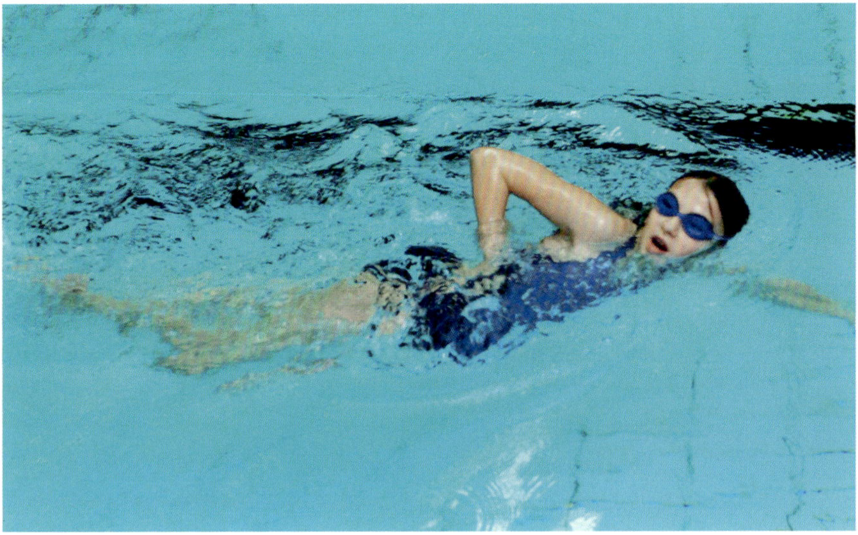

Abb. 42 Rollaktion um die Körperlängsachse üben

⇛ KAr_{ein} mit ausgeprägter Rollaktion um die Längsachse schwimmen (linker oder rechter Ellbogen bleibt gebeugt, Hand an der Hüfte). Beim Eintauchen der rechten (linken) Hand ausgeprägte Rollaktion zum Eintaucharm (Schulter und Ellbogen der Gegenseite durchbrechen die Wasseroberfläche, vgl. Abb. 42).

⇛ „Scheibenwischer": Oberarme in Seithalte und parallel zur Wasseroberfläche (vgl. Film 21), Unterarme/Hände paddeln (Einwärtsanteil betont und Auswärtsanteil locker). Die Anstellwinkel der Hände werden der Bewegungsrichtung angepasst (Einwärtsrotation der Unterarme am Ende des Einwärtsanteils und Auswärtsrotation am Ende des Auswärtsanteils) mit Pullbuoy, Flossen oder KBe (vgl. Abb. 43). **21**

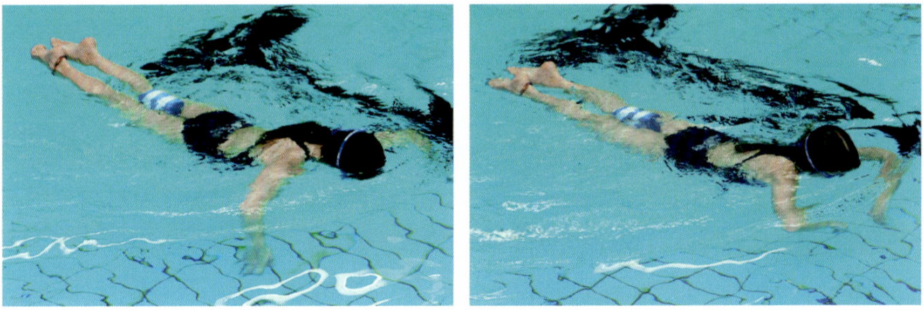

Abb. 43 „Scheibenwischer"

⇛ Oberarme am Körper anpressen und Abdruck (betonte Streckung des Ellbogengelenks, beide Arme zusammen oder linker und rechter Arm im Wechsel, vgl. Abb. 44).

Weitere Technikübungen vgl. Kap. 8.2.4.

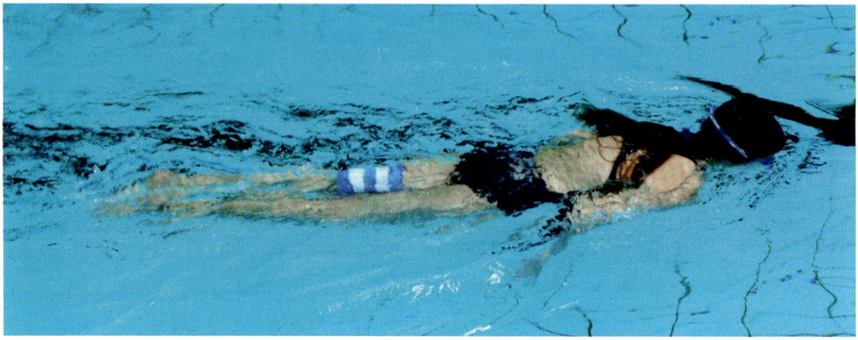

Abb. 44 Abdruckpaddeln

7.2.3 Rücken perfekt

Technikmerkmale und Technikfehler (vgl. Tabelle 12 und Kap. 8.2.2)

Tab. 12 Technikmerkmale und Technikfehler der Schwimmart Rücken

Technikanteile/ Bewegungskopplungen	Technikmerkmale	Technikfehler
Kopfhaltung/Körperlage	- Kopf liegt auf dem Wasser - Keine Kopfaktion - Leichte Beugung im Hüftgelenk (Schulterachse etwas höher als Beckenachse; Anstellwinkel des Körpers optimal klein) - Rollbewegung um die Längsachse zum Eintaucharm - Stabile Körperposition	- Kopfvorneigung zu stark - Kopfrückneigung zu stark - Kopfbewegung - Hohlkreuzposition - Sitzposition - Rollbewegung nicht ausgeprägt - Pendelbewegung der Beine in der Horizontalebene
Beinbewegung Abwärts Aufwärts	- Abwärtsanteil beginnt mit gestrecktem Kniegelenk, Fußgelenk bleibt locker - Aufwärtsanteil: Überstreckung des Hüftgelenks als Vorbereitung, dann Beugung des Hüftgelenks (Kniegelenk bleibt locker, passive Beugung des Kniegelenks durch die „Wasserkraft") dann aktiver Aufwärtskick (Fußgelenk bleibt locker) - Füße einwärts gedreht	- Aktive Beugung (Kniegelenk) - Kick nicht betont - Fußgelenk nicht locker - Kniegelenk nicht locker - Füße nicht einwärts gedreht

Technikanteile/ Bewegungskopplungen	Technikmerkmale	Technikfehler
Armbewegung Rückholphase/ Eintauchen/Ausheben	- Arm gestreckt, locker und körpernah - Eintauchen etwa schulterbreit (Kleinfingerkante taucht zuerst ein) - Schulter des Rückholarms ist außerhalb des Wassers - Daumenkante taucht zuerst auf - Keine Verzögerung bei Zugbeginn und beim Ausheben	- Nicht locker - Nicht gestreckt - Weitausholende RH-Phase (nicht körpernah) - Eintauchen zur Körpermitte hin - Eintauchen außerhalb der Körperseitenlinie - Schulter des Rückholarms im Wasser - Handrücken taucht ein - Verzögerung beim Zugbeginn - Verzögerung beim Ausheben
Armbewegung Zug-Druck-Phase Ausheben	- Optimal dosierter Zugbeginn mit gestrecktem Ellbogengelenk - Kleinfingerkante pflügt - Beugung des Ellbogengelenks, der Ellbogen zeigt zum Beckenboden - Daumenkante pflügt - Einwärtsanteil/Aufwärtsanteil betont (Handfläche diagonal zur/gegen die Bewegungsrichtung angestellt) - Rückwärtsanteil (Streckung des Ellbogengelenks) körpernah und betont - Handfläche immer diagonal zur/gegen die Bewegungsrichtung angestellt)	- Zugbeginn überhastet - Z-D-Phase mit gestrecktem bzw. fast gestrecktem Arm - Ellbogengelenk zu früh gebeugt - Ellbogen zeigt fußwärts - Einwärtsanteil nicht betont - Rückwärtsanteil zur Seite - Rückwärtsanteil nicht betont
Zeitliche Kopplung	- Linker Arm beginnt, und rechter Arm beendet Z-D-Phase („Druck auf beiden Handflächen") - Einatmung bei RH-Phase links, Ausatmung bei RH-Phase rechts	- Rechter Arm holt linken Arm an der Hüfte bzw. hinter dem Kopf ein - Ein- und Ausatmung unregelmäßig

Technikübungen

⇛ Nacheinander R_{Ab} (1-fach, 2-fach, 3-fach, 2-fach, 1-fach ...) schwimmen.

⇛ R_{ein} schwimmen (freier Arm liegt gestreckt in Tiefhalte), nacheinander:
- mit betont langsamem Zugbeginn,
- mit betonter Beugung im Ellbogengelenk,
- mit betontem Abdruck.

⇛ Jeweils 4–6 Zyklen R_{Ab} (Konzentration auf ein Technikmerkmal; vgl. Kap. 8.2.2) und anschließend 4–6 Zyklen R schwimmen (R_{Ab}: „freier" Arm bleibt in Tiefhalte.

⇛ 4–6 Zyklen R_{ein} (Konzentration auf ein Technikmerkmal; vgl. Kap. 8.2.2), danach 4–6 Zyklen R schwimmen.

⇛ Eine Bahn mit möglichst wenigen Zyklen bewältigen.

⇛ Mit Partner synchron Rücken schwimmen.

⇛ Locker Rücken schwimmen und bei jeder ungeraden Bahnzahl die Frequenz kontinuierlich bis zur Wende steigern (mit niedriger Frequenz beginnen!).

⇛ Mit ausgeprägter Rollaktion um die Längsachse schwimmen (R_{ein}, linke oder rechte Hand paddelt in Tiefhalte). Beim Eintauchen der rechten (linken) Hand ausgeprägte Rollaktion zum Eintaucharm (Schulter der Gegenseite durchbricht die Wasseroberfläche).

⇛ „Scheibenwischer" in Rückenlage: Arme in Schulterhöhe (Ellbogen zeigen zum Beckenbogen) und Unterarme paddeln (Einwärtsanteil betont und Auswärtsanteil locker). Anstellwinkel der Hände werden der Bewegungsrichtung angepasst (Einwärtsrotation der Unterarme am Ende des Einwärtsanteils und Auswärtsrotation am Ende des Auswärtsanteils (mit Pullbuoy, Flossen oder RBe)).

⇛ Oberarm am Körper anpressen und Abdruck betonen (betonte Streckung des Ellbogengelenks, beide Arme zusammen oder linker und rechter Arm im Wechsel).

Weitere Technikübungen vgl. Kap. 8.2.3.

7.2.4 Brust perfekt

Technikmerkmale und Technikfehler (vgl. Tabelle 13 und Kap. 8.2.2)

Tab. 13 Technikmerkmale und Technikfehler der Schwimmart Brust

Technikanteile/ Bewegungskopplungen	Flattechnik Technikmerkmale	Flattechnik und Wavetechnik Technikfehler	Wavetechnik: Technikmerkmale bzw. -fehler (nur Abgrenzungsmerkmale zur Flattechnik)
Körperlage/ Kopfaktion	- Keine intrazyklische Veränderung des Anstellwinkels des Körpers, er bleibt optimal flach und im Hüftgelenk gestreckt - Vor- und Rückneigung des Kopfes ist nicht ausgeprägt	- Kopf und Oberkörper tauchen zu tief ein	- Körper wird während des Einwärtsanteils (BAr) steil angestellt, d. h. ein Teil des Oberkörpers ist außerhalb des Wassers
Beinbewegung Rückholphase und Schlagphase Rückholphase	- Zunächst nur Beugung im Kniegelenk bis Fersen am Gesäß - Oberschenkel-Rumpf-Winkel nach Normal-Null-Methode: 80° oder weniger, Kniestellung etwa hüftbreit - Rückholphase im Vergleich zur Schlagphase optimal dosiert, Übergang zur Schlagphase ohne Stoppaktion	- Kniegelenk und Hüftgelenk werden gleichzeitig gebeugt - RH-Phase nicht ausgeprägt - Oberschenkel-Rumpf-Winkel 90° oder mehr - Kniestellung zu weit - RH-Phase überhastet	- Ausgeprägte Hüftextension am Ende der RH-Phase („Bogenspannung") und ausgeprägte Hüftflexion gegen Ende der Schlagphase - Hüfte liegt so tief, dass während der RH-Phase der Beine die Hüftflexion (Oberschenkel-Rumpf-Winkel) gering bleiben kann (<70°)

Fortsetzung Tab. 13

Technikanteile/ Bewegungs-kopplungen	Flattechnik Technikmerkmale	Flattechnik und Wavetechnik Technikfehler	Wavetechnik: Technik-merkmale bzw. -fehler (nur Abgrenzungsmerk-male zur Flattechnik)
Schlagphase	- Fußspitzen zeigen zu Beginn der Schlagphase nach außen und zum Schienbein (= Pronation und Abduktion und Dorsalflexion) oder „Chaplin-Position" - Kreisaktion der Fersen (auswärts/rückwärts/abwärts - einwärts/rückwärts/abwärts) mit angewinkeltem Fußgelenk (ausgeprägte Horizontalbewegung bei Schlagbeginn) - Schlagphase betont - Fußsohle diagonal zur/gegen die Bewegungsrichtung angestellt - V-Stellung der Unterschenkel (von hinten gesehen) - Kniestellung etwa hüftbreit - Späte Streckung der Knie- und Fußgelenke - Aufwärtsanteil der gestreckten Beine betont	- Übergang zur Schlagphase verzögert - Auswärtsdrehung der Fußgelenke zu früh bzw. zu spät - „Chaplin-Position" der Füße nicht ausgeprägt - Kreisaktion mit zu großem oder mit zu geringem Radius - Zu Beginn der Schlagphase keine V-Stellung der Unterschenkel - Kniestellung zu weit auseinander - Beinstreckung zu früh - Fußgelenke am Ende der Schlagphase nicht gestreckt	- Schlagphase mit ausgeprägtem Abwärtsanteil (bei Schlagbeginn ausgeprägte Horizontalbewegung), der fließend in den Aufwärtsanteil übergeht (= Delfinbewegung) - Schlagphase nicht betont - Aufwärtsanteil nicht betont - Aufwärtsanteil zu spät eingeleitet
Armbewegung Z-D-Phase	- Auswärtsanteil bis ungefähr doppelte Schulterbreite - Auswärtsanteil im Vergleich zum Einwärtsanteil optimal dosiert - Innenrotation der Oberarme (Ellbogen-vorne-Haltung) - Ellbogen bleiben etwa in Höhe der Schulterachse - Übergang zur RH-Phase ohne Stoppaktion	- Auswärtsanteil zu weit bzw. zu eng - Innenrotation der Oberarme (= Ellbogen-vorne-Haltung) nicht ausgeprägt oder zu früh abgebrochen - Ellbogen weit über die Schulterachse nach hinten gezogen - Übergang zur RH-Phase verzögert - Einwärtsanteil nicht betont	- RH-Phase der Arme abwärts gerichtet - Nach der RH-Phase Aufwärtsanteil, danach erst der Einwärtsanteil

Fortsetzung Tab. 13

Technikanteile/ Bewegungs-kopplungen	Flattechnik Technikmerkmale	Flattechnik und Wavetechnik Technikfehler	Wavetechnik: Technik-merkmale bzw. -fehler (nur Abgrenzungsmerk-male zur Flattechnik)
Rückholphase	- Einwärtsanteil betont („Ellbogen unter das Kinn") - Handfläche diagonal zur/gegen die Bewegungsrichtung der Hand angestellt - Vollständige Armstreckung (Ende der RH-Phase) - RH-Phase: im Vergleich zum Einwärtsanteil dosiert - Übergang (= Ende der RH-Phase) zum Auswärtsanteil ohne Stoppaktion	- Ellbogen nicht unter dem Kinn - Arme während der RH-Phase nicht vollständig gestreckt - Stoppaktion vor dem Auswärtsanteil zu lang (abhängig von der Schwimmstrecke) - RH-Phase nicht abwärts gerichtet (Wave-Variante) - Zu Beginn der Zugphase kein Aufwärtsanteil (Wave-Variante)	
Zeitliche Kopplung	- Einwärtsanteil der Zugphase und Schlagphase deutlich nacheinander (in Abhängigkeit von der Wettkampfstrecke) - RH-Phase der Beine beginnt nach dem Start der RH-Phase der Arme - Auswärtsanteil beginnt, wenn Schlagphase noch nicht ganz beendet ist („X-Position" nur beim 50-m- und 100-m-Sprint. Für 200-m-Schwimmer ist eine mehr oder weniger kurze Gleitphase kennzeichnend) - Einatmung gegen Ende des Einwärtsskulls - Vorneigung des Kopfes zu Beginn der RH-Phase und Rückneigung des Kopfes nach Beendigung des Einwärtsskulls	- RH-Phase der Beine zu früh (= während des Einwärtsanteils) - Einatmung zu früh - Einatmung zu spät	

Technikübungen: Gleitphase beim Brustschwimmen

⇛ Pro Zyklus 1 BAr und 2 BBe ausführen (vgl. Film 22).

⇛ Eine Strecke mit möglichst wenigen Zyklen bewältigen. 22

⇛ Nach jedem Zyklus in der Gleitphase bis 5 zählen (Gesicht bleibt im Wasser).

⇛ Nach dem Abstoß immer wieder nur einen Bewegungszyklus ausführen und danach möglichst lange gleiten.

Technikübungen:
Regelmäßige Ein- und Ausatmung beim Brustschwimmen

⇛ Einatmung bei BAr gegen Ende des Einwärtsanteils, Ausatmung während der Rückholphase und Gleitphase (Verhältnis Einatmung : Ausatmung zunächst 1 : 3) - mit und ohne Pullbuoy.

⇛ BBe am Schwimmbrett - bei Beugung der Kniegelenke erfolgt die Einatmung und beim Antriebsschlag die Ausatmung.

⇛ BAr mit Pullbuoy oder mit Partnerhilfe (Partner schiebt) - beim Armzug erfolgt die Einatmung, und bei Streckung der Arme erfolgt die Ausatmung ins Wasser.

⇛ Einatmung bei BBe während der Rückholphase (Beine) und Ausatmung während der Schlagphase (Atemrhythmus s. oben) - mit und ohne Schwimmbrett, mehrere Zyklen mit ausgeprägten Gleitphasen schwimmen (während der Gleitphase bis 5 zählen und ausatmen!).

Technikübungen:
Armbewegung-Beinbewegung-Kopplung beim Brustschwimmen

⇛ Mit Abstoß von der Wand oder mit einem flachen Delfinsprung beginnen - Gleitphase - Armbewegung oder Beinbewegung - danach Beinbewegung oder Armbewegung - Gleitphase - im bauchtiefen Wasser stehen - mit Delfinsprüngen wieder zur Wand zurück.

⇛ Nach Abstoß von der Wand im Wechsel mit der Arm- oder der Beinbewegung beginnen.

Technikübung: Einwärtsanteil des Armzugs

⇛ „Scheibenwischer": Oberarme in Seithalte und parallel zur Wasseroberfläche, Unterarme paddeln (Einwärtsanteil betont und Auswärtsanteil locker). Anstellwinkel der Hände werden der Bewegungsrichtung angepasst (Einwärtsrotation der Unterarme am Ende des Einwärtsanteils und Auswärtsrotation am Ende des Auswärtsanteils) (mit und ohne Pullbuoy; vgl. Film 21). 21

Technikübung: Brustbeinbewegung

⇛ In Rückenlage BBe schwimmen mit Konzentration auf ein Technikmerkmal (vgl. Kap. 8.2.2)

7.2.5 Schmetterling perfekt

Technikmerkmale und Technikfehler (vgl. Tabelle 14 und Kap. 8.2.2)

Tab. 14 Technikmerkmale und Technikfehler der Schwimmart Schmetterling

Technikanteile/ Bewegungskopplungen	Technikmerkmale	Technikfehler
Kopfaktion/Körperlage	- Rückneigung des Kopfes zu Beginn des Druckanteils und Vorneigung während der RH-Phase (Kopfaktion eilt der Armaktion voraus) - Anstellwinkel des Körpers sollte optimal klein sein	- Keine Kopfaktion - Rückneigung zu früh - Vorneigung zu spät (eilt der Armaktion nicht voraus) - Anstellwinkel beim Auftauchkick zu steil - Oberkörper taucht nach RH-Phase zu tief ein und/oder Kopfvorneigung zu stark
Beinbewegung Aufwärts Abwärts	- Aufwärtsanteil mit gestreckten Kniegelenken, Fußgelenke locker - Abwärts: Überstreckung der Hüftgelenke (= ausgeprägte Bogenspannung), dann aktive Beugung der Hüftgelenke (Kniegelenke bleiben locker - passive Beugung durch die Wasserkraft), dann aktiver Abwärtskick (Fußgelenke bleiben locker) - Füße während der Schlagphase einwärts gedreht	- Aktive Beugung der Kniegelenke - Fußgelenk nicht locker - Dorsalflexion des Fußgelenks beim „Kick" - Bogenspannung nicht ausgeprägt - Füße nicht einwärts gedreht - Kick zu schwach (Auftauch- und/oder Eintauchkick) - Kraulbeinschlag angedeutet - Brustbeinschlag angedeutet
Armbewegung Rückholphase/ Eintauchen	- Armmuskulatur während der RH-Phase entspannt - Eintauchen etwa schulterbreit (Daumenkanten tauchen zuerst ein) - Schultern bleiben möglichst lange außerhalb des Wassers - Hände tauchen vor den Ellbogen ein	- Nicht locker - Eintauchen zu eng - Eintauchen zu weit - Eintauchen zu früh
Armbewegung Zug-Druck-Phase/ Ausheben	- Optimal dosierter Auswärtsanteil (verschieden stark ausgeprägte Varianten!) und Streckung der Ellbogengelenke - Innenrotation der Oberarme und dann Beugung der Ellbogengelenke (= Ellbogen-vorne-Haltung) - Daumenkante pflügt - Einwärtsanteil betont und bis Körpermitte (Handflächen diagonal zur/gegen die Bewegungsrichtung der Hand angestellt)	- Auswärtsaktion überhastet - Innenrotation der Oberarme nicht ausgeprägt - Einwärtsanteil nicht betont

➡

Fortsetzung Tab. 14

Technikanteile/ Bewegungskopplungen	Technikmerkmale	Technikfehler
	- Rückwärtsanteil (= Abdruck): betonte Streckung des Ellbogengelenks – zunächst pflügt die Kleinfingerkante, danach pflügt das Handgelenk (Handfläche diagonal zur/gegen die Bewegungsrichtung der Hand angestellt) - Keine Verzögerung bei Zugbeginn und beim Ausheben	- Rückwärtsanteil (= Abdruck) nicht betont - Z-D-Phase zu früh abgebrochen - Z-D-Phase seitlich vom Körper - Anstellwinkel der Hand ist der Bewegungsrichtung nicht angepasst - Verzögerung bei Zugbeginn - Verzögerung beim Ausheben
Zeitliche Kopplung	- Eintauchkick beim Eintauchen der Arme, Auftauchkick beim Abdruck - Einatmung beim Abdruck - Gesicht beim Eintauchen zeitlich vor den Händen im Wasser	- Nur 1 Beinschlag pro Armzug - 2 Beinschläge in der Gleitphase - Einatmung zu früh - Einatmung zu spät - Hände zeitlich vor dem Gesicht im Wasser

Technikübungen:
Kopplung der Teilaktionen beim Schmetterlingsschwimmen

⇛ Armaktion-Beinaktion-Kopplung: Mit Flossen Delfinbewegungen schwimmen und nach 3 Delfinbewegungen den Armzug ankoppeln: Zug startet mit dem 4. „Kick" und der Abdruck wird durch den 5. „Kick" unterstützt. Nach dem Abdruck werden die Arme unter Wasser in die Ausgangsposition geschoben.

⇛ BAr_{Tauch} oder BAr mit SBe koppeln (unter Wasser oder an der Wasseroberfläche).

⇛ K_{ein} oder K_{Ab}, dabei den Eintauch- und Auftauchkick mit dem Armzug koppeln (Zugbeginn verzögern!).

⇛ Atmung-Arme-Kopplung: Mit Pullbuoy-Unterstützung oder Partnerhilfe (Partner schiebt) Armbewegungen ausführen, beim Unterwasserzug (nach dem die Hände die Schultern passiert haben) den Kopf zur Einatmung rückneigen und zur Ausatmung vorneigen (Anmerkungen: Technikübung nicht überhastet ausführen!).

⇛ Eine kürzere Schwimmstrecke (10 m–25 m) mit möglichst wenigen Zyklen bewältigen.

Technikübungen: Armaktion

⇛ SAr (entweder ein Partner schiebt oder SAr nach flachem Delfinsprung oder SA mit Pullbuoy oder mit Flossen) ohne regelmäßige Ein- und Ausatmung (Technikübung nicht überhastet ausführen, Konzentration auf ein vom Übungsleiter angewiesenes Technikmerkmal; vgl. Kap. 8.2.2 und Abb. 45).

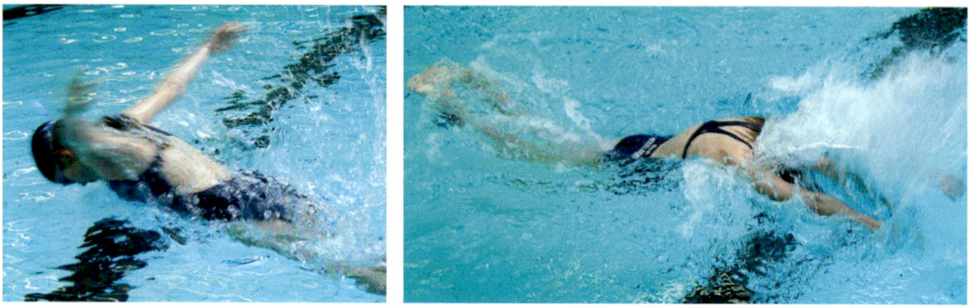

Abb. 45 Delfinsprung als Vorbereitung für die Schmetterlingarmbewegung

⇛ „Scheibenwischer": Oberarme in Seithalte und parallel zur Wasseroberfläche, Unterarme paddeln (Einwärtsanteil betont, Auswärtsanteil locker), Handflächen in Bewegungsrichtung angestellt. Einwärtsrotation der Unterarme am Ende des Einwärtsanteils und Auswärtsrotation am Ende des Auswärts-
21 anteils (vgl. Film 21).

⇛ SAr mit betont langsamem Zugbeginn oder mit betonter Beugung im Ellbogengelenk oder mit betontem Abdruck schwimmen (jeweils 4 Zyklen; mit Pullbuoy oder mit Flossen oder ohne materiale Hilfen).

Weitere Technikübungen vgl. Kap. 8.2.7

7.3 SwimStars – Koordinationstraining

⇛ DBe in vertikaler Position und in Seitenlage.

⇛ RAr_{Do} 3× entspannt – 3× mit übertrieben starken Muskelkontraktionen (mit Pullbuoy).

⇛ BAr_{Tauch} mit 2 SBe oder mit KBe koppeln.

⇛ B: Die aktive Extremität „wandert" um den Körper (linker Arm zieht, rechter Arm zieht, rechtes Bein schlägt, linkes Bein schlägt und wieder
23 linker Arm etc.; vgl. Film 23).

⇛ K, R: Nach dem Ausheben mit der Hand (den Händen) neben der Hüfte 1× oder 2× aufs Wasser tippen und dann den Rückholarm vorschwin-
24–25 gen (vgl. Film 24, 25).

⇛ BAr_{Tauch} vom Beckenboden (aus Hockposition) in vertikaler Position 5–10× präzise ausführen.

⇛ Sch_{Arten}, TAk: Zwischen jeweils 4 Zyklen eine Rolle vorwärts ausführen.

⇛ K, R: Zwischen jeweils 4 Zyklen eine Drehung um die Körperlängsachse ausführen.

⇛ B, BAr, BBe, S, SAr, DBe: Nach Frequenzsteigerungen 3 Zyklen mit langen Gleitphasen schwimmen.

⇛ K_{Ab} in Vorhalte – K 4er-Zug – K_{Ab} in Tiefhalte – K 4er-Zug etc.

⇛ KBe, BBe, DBe: Mit „Sprintbeinschlag" auf einem Schwimmbrett surfen – mit und ohne Flossen (10 m, 25 m oder 50 m, vgl. Abb. 46).

⇛ KAr, RAr: Übertriebene Rollbewegung um die Längsachse gegen einen Kiel (= 2 Schwimmbretter zwischen den Beinen).
⇛ K, R, B: Zeitlupen- und Zeitrafferschwimmen im Wechsel.
⇛ K, R, B: Im Wechsel 2 Zyklen mit geschlossenen Augen und 1 Zyklus mit offenen Augen schwimmen und immer präzise über der Bahnmarkierung schwimmen.

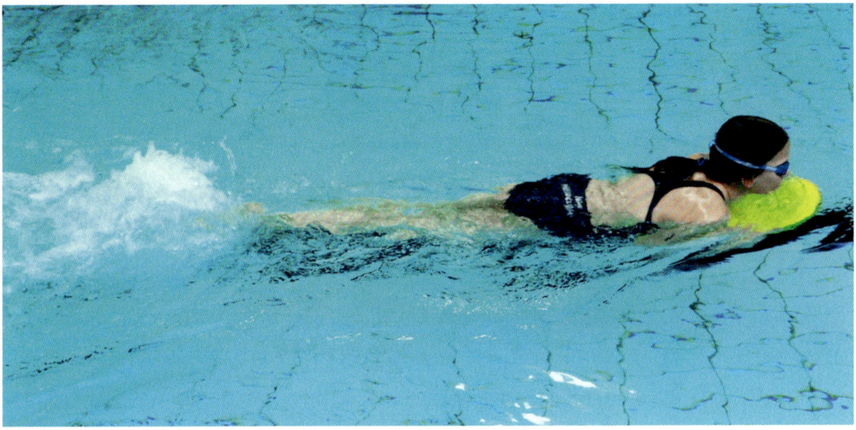

Abb. 46 Sprintbeinschlag

7.4 SwimStar Rot - Konditionstraining (= nur einige ausgewählte Vorgaben)

⇛ KBe, RBe, DBe mit und ohne Flossen (von 4 × 10 m auf 4 × 25 m steigern).
⇛ 16 × 25 m Kraul schwimmen (Intervallpause: TPF <120 Schläge/min).
⇛ 16 × 25 m Rücken schwimmen (Intervallpause: TPF <120 Schläge/min).
⇛ 8 × 50 m Brust schwimmen (Intervallpause: TPF <120 Schläge/min).
⇛ 8 × 25 m S mit Flossen schwimmen (Intervallpause: TPF <120 Schläge/min).

Wichtig: Rumpfstabilisierung, Kräftigung der Antriebsmuskulatur (Krafttraining mit dem eigenen Körpergewicht, mit Zugseil und Theraband, mit Gewichtsbelastungen - dem kalendarischen Alter und dem Trainingsalter angepasst) und Schnelligkeitstraining (mit beherrschten Teilbewegungen) ergänzen das ausdauerorientierte Intervalltraining.

8 SwimStar Gold

8.1 SwimStar Gold - Anforderungen

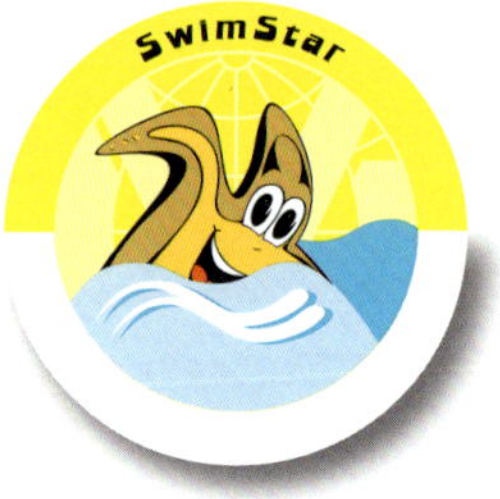

- ⇛ Startsprung vom Block und **400 m Kraul** schwimmen.
- ⇛ Startsprung vom Block und **200 m Brust** schwimmen.
- ⇛ Startsprung vom Block und **50 m Schmetterling** schwimmen.
- ⇛ Rückenstart und **200 m Rücken** schwimmen.
- ⇛ **Rollwende Rücken** und **Rollwende Kraul mit 3 Delfinbewegungen** nach dem Abstoß.

8.2 Vorrangiges Ziel des SwimStars Gold: Starts und Wenden lehren und lernen, Stabilisierung der Schwimmtechniken

8.2.1 Rückenstart lernen

- ⇛ Flache Delfinsprünge rückwärts („Fosbury-Flop") im bauch- und brusttiefen Wasser mit abschließender Gleitphase (Startposition: beide Füße am Beckenboden).
- ⇛ Flaches Hechtschießen rückwärts (Arme aus der Tiefhalte über die Seithalte in die Hochhalte schwingen) mit anschließender Gleitphase (Startposition: ein Fuß am Beckenboden, ein Fuß an der Beckenwand).
- ⇛ Über eine Poolnoodle Delfinsprünge rückwärts (Partner hält die Poolnoodle).

8.2.2 Rollwenden ganzheitlich lernen

- ⇛ K_{Roll}: In Bauchlage zur Wand gleiten, vor der Wand halbe Rolle um die Breitenachse mit einem Delfinkick einleiten und beim Abstoß in die Bauchlage drehen (Rotation um die Längsachse). Anmerkung: Wendewand mit Delfinschießen, Brust, BAr + KBe oder Kraul anschwimmen.
- ⇛ R_{Roll}: In Rückenlage zur Wand gleiten (rechter Arm in Vorhalte und linker Arm in Tiefhalte), Zug mit dem rechten Arm und Rotation in Bauchlage, eine halbe Rolle um die Breitenachse und Abstoß in Rückenlage. Nächster Schritt: Wendewand mit Delfinschießen (rückwärts) , RBe oder R anschwimmen.

8.2.3 Eigenkontrolle, Fremdkontrolle und Stabilisierung der Schwimmtechnik

Beim **Stabilisierungstraining** lernen die Schwimmer, die Aufmerksamkeit auf ein Technikmerkmal zu lenken, und bekommen die Konsequenzen der Bewegungsausführungen besser in den Griff. Auf die nachfolgend zusammengestellten Technikmerkmale sollten immer wieder Schwimmer (= Eigenkontrolle), Übungsleiter und

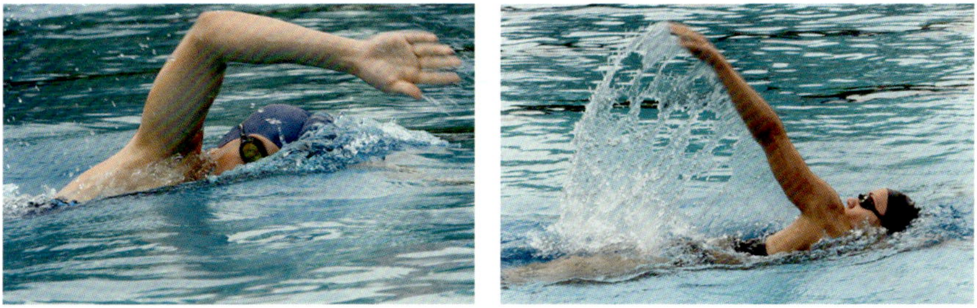

Abb. 47 Rollbewegung Kraul (Schulter außerhalb des Wassers) und Rollbewegung Rücken (Schulter außerhalb des Wassers). Anmerkung: Handhaltung nicht ideal.

Trainer (= Fremdkontrolle) ihre Aufmerksamkeit lenken – **immer nur einen Technikfehler korrigieren**.

Ausgewählte Kontrollmerkmale bei Kraul und Rücken

⇛ Rotation um die Längsachse zur Zug-Druck-Seite (vgl. Abb. 47).
⇛ Streckung des Ellbogengelenks beim Zugbeginn?
⇛ Abwärtsanteil der Armbewegung optimal dosiert (in Abhängigkeit von der Zyklusfrequenz)?
⇛ Rückwärts-/Einwärtsanteil (= Zug) der Armbewegung betont?
⇛ Abdruck der Armbewegung betont?
⇛ Daumen berührt nach dem Abdruck den Oberschenkel?
⇛ Rückholphase Kraul: locker und körpernah (vgl. Abb. 48)?

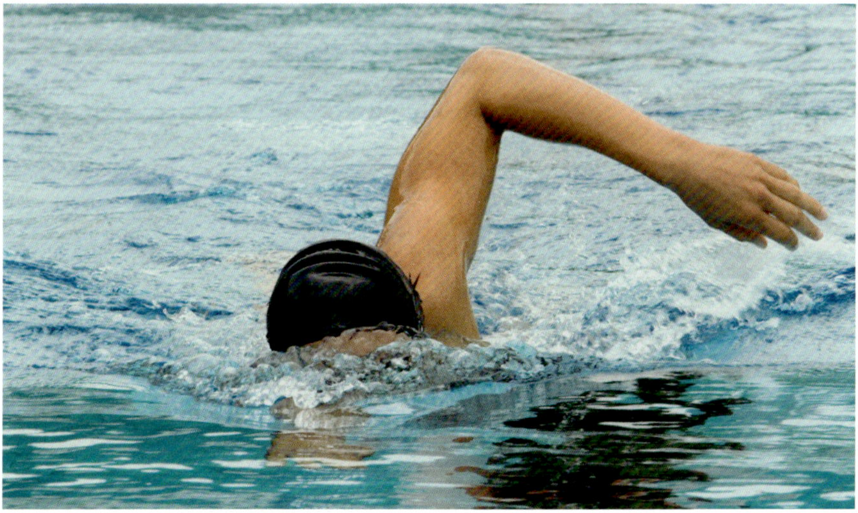

Abb. 48 Rückholphase locker und körpernah

⇛ Rückholphase Rücken: Oberarm am Ohr vorbei?
⇛ „Kick" der Beinbewegung bei K und R betont?
⇛ „Hoher Ellbogen" beim Wasserfassen und beim Zug?
⇛ Armzug ohne Stopp-Start-Aktionen ausgeführt?
⇛ Abdruck beim Rückenschwimmen körpernah (R)?
⇛ Handfläche mehr oder weniger diagonal zur/gegen die Schwimmrichtung (Hand darf nicht durchs Wasser schneiden!)?

Ausgewählte Kontrollmerkmale bei Brust

⇛ Zu Beginn der Einatmung Rückholphase (vgl. Abb. 49)?
⇛ Ellbogengelenke vor Zugbeginn gestreckt?
⇛ Auswärtsanteil optimal dosiert (in Abhängigkeit von der Zyklusfrequenz)?
⇛ Einwärtsanteil der Armbewegung betont?
⇛ „Hoher Ellbogen" zu Beginn des Wasserfassens und beim Zug?
⇛ Armbewegung ohne Stopp-Start-Aktionen ausgeführt?
⇛ Auswärtsanteil der BAr beginnt - Beinbewegung ist noch nicht beendet (beim Sprint)?
⇛ Hüftgelenk am Ende der Rückholphase möglichst wenig gebeugt?
⇛ Beinschlag beginnt mit einer Beugung im Kniegelenk?
⇛ Füße vor Schlagbeginn angewinkelt und auswärts gedreht („Charlie-Chaplin-Position")?
⇛ Handflächen und Fußsohlen mehr oder weniger diagonal zur/gegen die Schwimmrichtung (Hände und Füße dürfen nicht durchs Wasser schneiden!)?

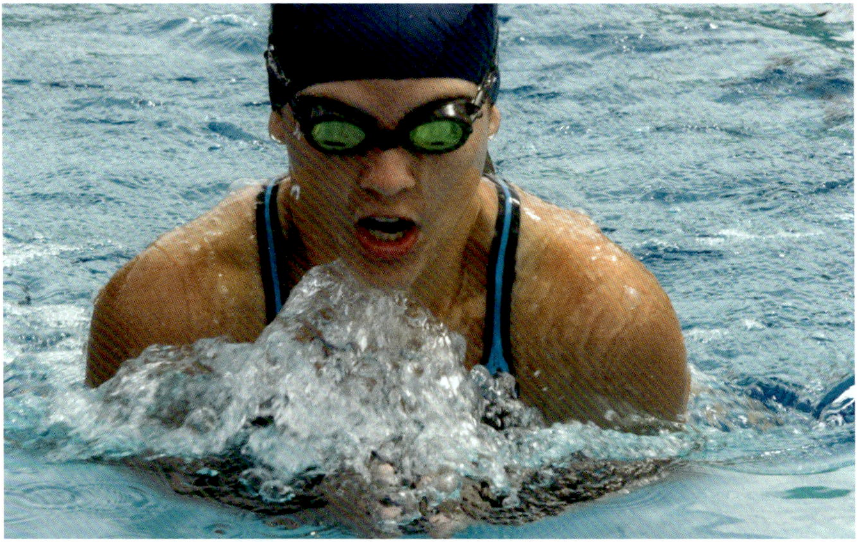

Abb. 49 Einatmung zu Beginn der Rückholphase

Ausgewählte Kontrollmerkmale beim Brusttauchzug

Zug-/Druckphase:

⇛ Auswärtsanteil des Armzuges optimal dosiert (in Abhängigkeit von der Zyklusfrequenz)?

⇛ „Hoher Ellbogen" zu Beginn des Wasserfassens und während der Zugphase?

⇛ Einwärtsanteil des Armzugs betont – „Daumen berühren sich am Ende der Einwärtsanteile"?

⇛ Daumen berühren beim Abdruck die Oberschenkel?

⇛ Handfläche mehr oder weniger zur/gegen die Bewegungsrichtung (Hand darf nicht durchs Wasser schneiden)?

Rückholphase Arme:

⇛ Körpernahe Rückholphase der Arme während der Rückholphase der Beine.

Schlagphase:

⇛ Delfinkick während oder vor der Zug-/Druckphase.

⇛ Beinbewegung beginnt mit einer Beugung im Kniegelenk?

⇛ Hüftgelenk am Ende der Rückholphase möglichst wenig gebeugt?

⇛ Füße vor Schlagbeginn angewinkelt und auswärts gedreht („Charlie-Chaplin-Position")?

⇛ Stoppaktion nach Abdruck angemessen lang?

⇛ Gleitphase nach Beinbewegung angemessen lang?

Ausgewählte Kontrollmerkmale bei Schmetterling

⇛ Flache Körperlage (vgl. Abb. 50)?

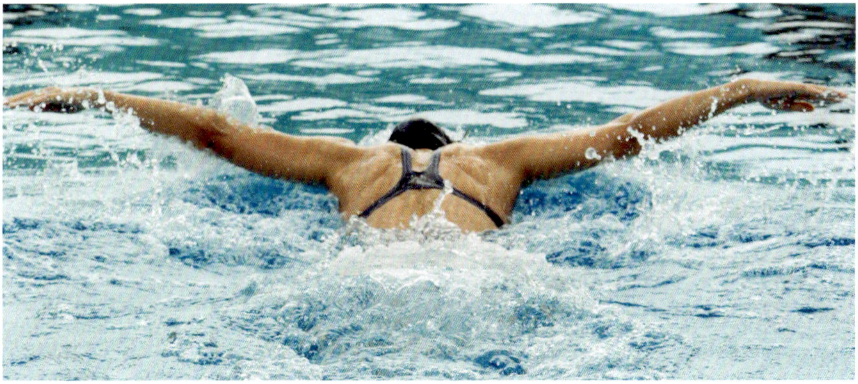

Abb. 50 Flache Körperlage

⇛ Vorneigung des Kopfes während der Rückholphase?

⇛ Kopf vor den Armen im Wasser (vgl. Abb. 51)?

⇛ Kopf nach dem Eintauchen nur knapp unter der Wasseroberfläche?

⇛ Auswärtsanteil optimal dosiert (in Abhängigkeit von der Zyklusfrequenz)?

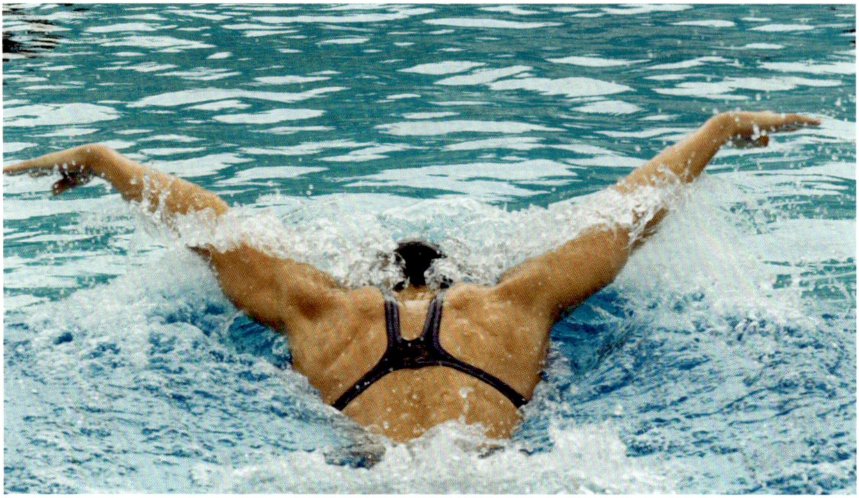

Abb. 51 Kopf bei der Rückholphase vor den Händen im Wasser

⇛ Einwärtsanteil des Armzugs betont – „Daumen berühren sich am Ende der Einwärtsanteile"?
⇛ „Hoher Ellbogen" zu Beginn des Wasserfassens und während der Zugphase?
⇛ Die Schultern bleiben während der Rückholphase über Wasser (vgl. Abb. 52)?
⇛ Armaktion ohne Stopp-Start-Aktionen ausgeführt?
⇛ Hände bei Einatmung noch im Wasser (vgl. Abb. 53)?
⇛ Eintauchkick betont?
⇛ Auftauchkick betont?

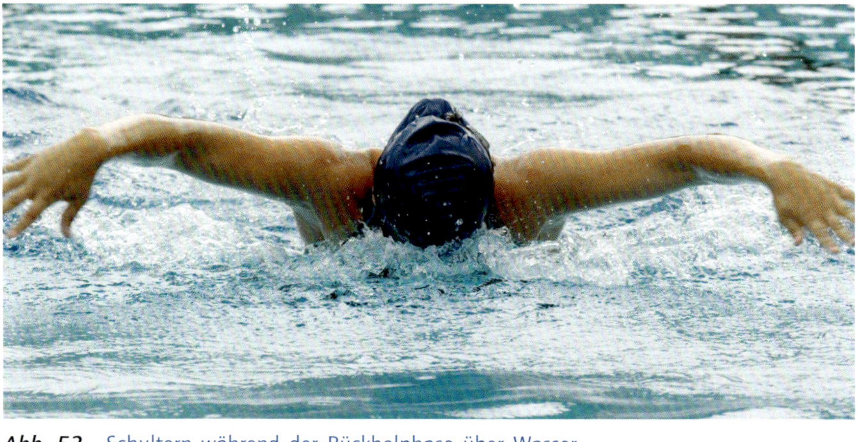

Abb. 52 Schultern während der Rückholphase über Wasser

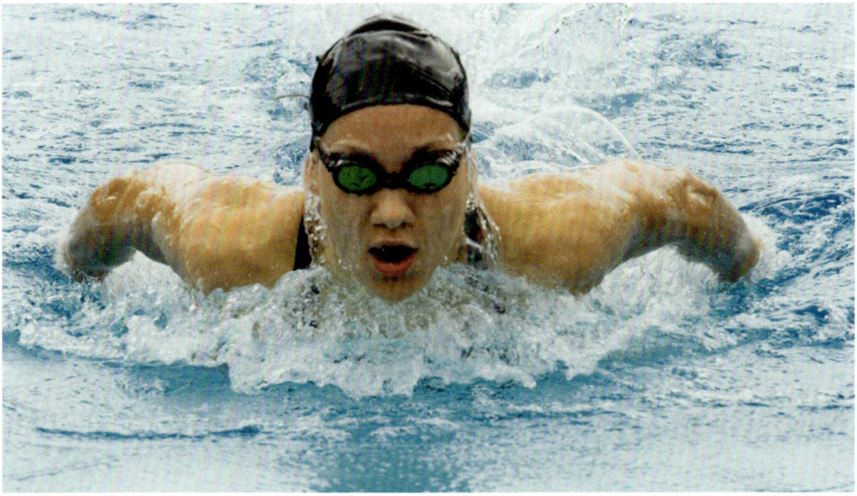

Abb. 53 Hände bei Einatmung noch im Wasser

- ⇛ Daumen „berühren" beim Abdruck die Oberschenkel (= Technikübung)?
- ⇛ Handfläche mehr oder weniger diagonal zur/gegen die Schwimmrichtung (Hand darf nicht durchs Wasser schneiden!)?

Ausgewählte Kontrollmerkmale beim Grabstart

- ⇛ Aufmerksamkeit auf Startsignal und nicht auf den Bewegungsablauf gelenkt?
- ⇛ Startposition: Kniegelenkwinkel <40°?
- ⇛ Startposition: Schulterachse nahe der Blockkante?
- ⇛ Startposition: Ausgeprägte Vorneigung des Kopfes?
- ⇛ Ausgeprägter Vorschwung der Arme beim Start?
- ⇛ Armschwung blockiert, bevor die Füße den Block verlassen?
- ⇛ Oberkörper-Arm-Winkel beim Absprung 70°?
- ⇛ Ausholbewegung und Beugung der Kniegelenke (80°–100°)?
- ⇛ Absprungwinkel >30°?
- ⇛ Knie- und Hüftgelenk nach dem Absprung gestreckt?
- ⇛ Kopf nach dem Absprung in Verlängerung der Körperachse?
- ⇛ Vorneigung des Kopfes (Kopf zwischen den Armen) und Beugung im Hüftgelenk (Hockposition bei B, S) am höchsten Punkt der Flugbahn?
- ⇛ Eintauchwinkel >30° (>50° bei B, S)?
- ⇛ Körper beim Eintauchen gestreckt?
- ⇛ Kopf beim Eintauchen zwischen den Oberarmen?
- ⇛ Nach dem Eintauchen Gleitrichtung von vorwärts/abwärts nach vorwärts/aufwärts durch einen Delfinkick und durch eine Veränderung der Kopf- und Armposition korrigiert?

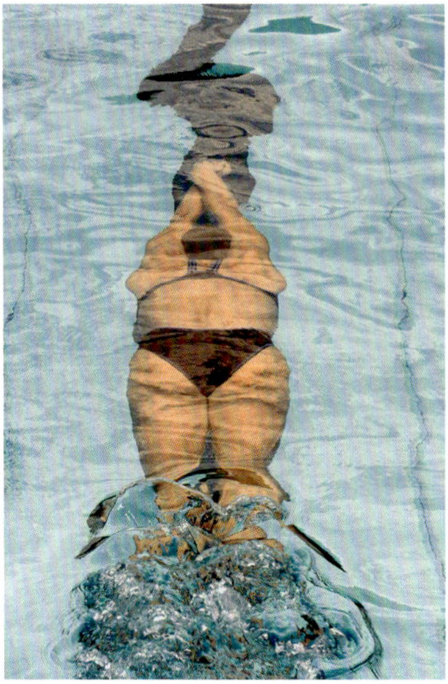

Abb. 54 Gestreckte Körperlage

⇛ Körper nach dem Eintauchen gestreckt (vgl. Abb. 54)?
⇛ Gleitphasen beim Tauchzug (B) nicht zu kurz und angemessen lang?
⇛ Delfinbewegung (K, R, S) mit hoher Frequenz und kleiner Amplitude ausgeführt?
⇛ Oberkörper und Kopfposition während der Delfinkicks in widerstandsarmer Position?
⇛ Übergang zu den Schwimmbewegungen beginnt mit einem kraftvollen Armzug?
⇛ Einatmung (K, S) erst nach dem ersten Schwimmzyklus?
⇛ Timing bei Staffelablösung: Beine des Starters sind gestreckt, kurz bevor der Anschwimmer anschlägt?
⇛ Kreisschwung der Arme gegen den Uhrzeigersinn beim Staffelstart?

Ausgewählte Kontrollmerkmale beim Rückenstart

⇛ Startposition: Vorneigung des Kopfes; Hüft-, Knie- und Ellbogengelenke gebeugt?
⇛ Hüfte oberhalb der Wasseroberfläche?
⇛ Beim Absprung Rückneigung des Kopfs und direkter Rückschwung der gebeugten Arme?
⇛ Absprungwinkel >30°?
⇛ Lordosierung der Wirbelsäule nach dem Absprung?
⇛ Beim Eintauchen sind die Arme gestreckt, und der Kopf liegt zwischen den Oberarmen?
⇛ Beim Eintauchen Bückposition durch einen Delfinkick?
⇛ Delfinbewegungen mit hoher Frequenz und kleiner Amplitude ausgeführt?
⇛ Oberkörper und Kopfposition während der Delfinbewegungen in widerstandsarmer Position?

Ausgewählte Kontrollmerkmale bei der Rollwende Kraul (vgl. Abb. 55)

⇛ Rolle mit dem letzten Armzug vor der Wand (ca. 2 m vor der Wand) eingeleitet?
⇛ Delfinkick während des letzten Armzuges?
⇛ Kniegelenke während der Rolle gebeugt?
⇛ Wenn der Kopf zum Beckenboden gerichtet ist, beschleunigt eine Armbewegung, die entgegen der einleitenden Zugbewegung gerichtet ist, die Rollbewegung?
⇛ Füße berühren die Wand in Seitenlage?

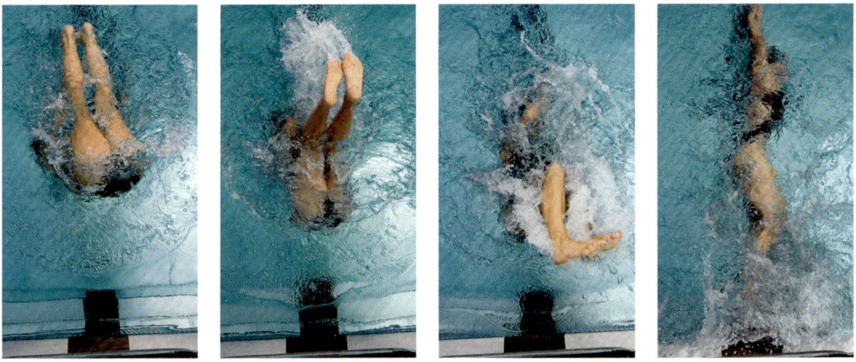

Abb. 55 Rollwende Kraul

⇛ Abstoß in Seitenlage (vgl. Abb. 56)?
⇛ Sind vor dem Abstoß die Kniegelenke gebeugt (vgl. Abb. 57)?
⇛ Abstoß von der Wand kraftvoll?
⇛ Delfinbewegungen mit hoher Frequenz und kleiner Amplitude ausgeführt?
⇛ Oberkörper und Kopfposition während der Delfinbewegungen in widerstandsarmer Position?

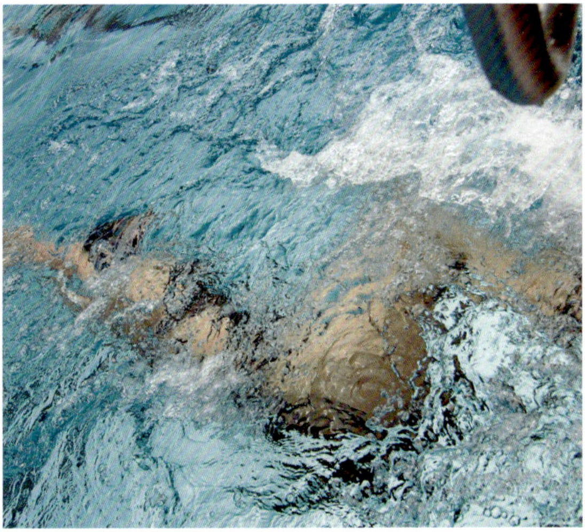

Abb. 56 90°-Kniewinkel beim Abstoß von der Wand

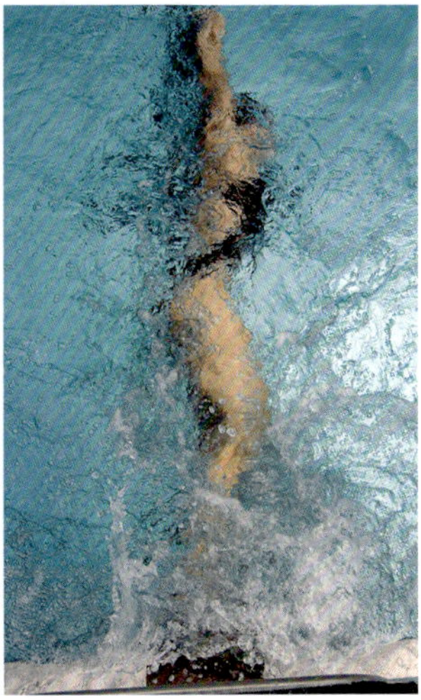

Abb. 57 Abstoß in Seitenlage

Ausgewählte Kontrollmerkmale bei der Rollwende Rücken

⇛ Rolle um die Längsachse zum Zugarm hin?
⇛ DB zur Einleitung der Rollbewegung?
⇛ Sind vor dem Abstoß die Kniegelenke gebeugt?

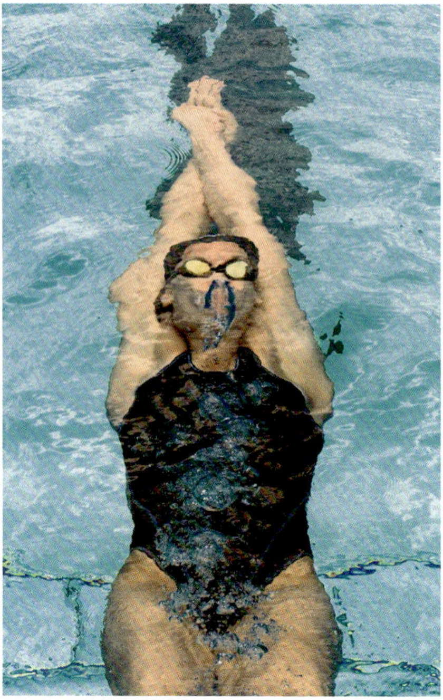

Abb. 58 Gestreckte Körperlage und Kopf zwischen den Armen

- ⇛ Abstoß von der Wand kraftvoll?
- ⇛ Körperstreckung nach dem Abstoß (vgl. Abb. 58)?
- ⇛ Delfinbewegungen mit hoher Frequenz und kleiner Amplitude ausgeführt?
- ⇛ Oberkörper und Kopf während der Delfinbewegungen in widerstandsarmer Position?

Ausgewählte Kontrollmerkmale bei der Drehwende Brust und Schmetterling (vgl. Abb. 59)

- ⇛ Vor dem Anschlag den (die) letzten Beinschlag (Beinschläge) betont?
- ⇛ Timing: Anschlag gleichzeitig mit der Beendigung des letzten Beinschlages?
- ⇛ Vierteldrehung zu einer Körperseite, Pendelbewegung mit gebeugten Hüft- und Kniegelenken zur Wand und die Kippbewegung des Oberkörpers von der Wand weg erfolgen gleichzeitig?
- ⇛ Der oben skizzierte Bewegungsablauf wird durch eine Gegenbewegung des Unterwasserarmes unterstützt?
- ⇛ Abstoß in Seitenlage?
- ⇛ Sind vor dem Abstoß die Kniegelenke gebeugt (ca. 100°) und die Arme gestreckt?
- ⇛ Abstoß von der Wand kraftvoll?
- ⇛ Schmetterling: Delfinbewegungen mit hoher Frequenz und kleiner Amplitude ausgeführt?
- ⇛ Oberkörper und Kopfposition während der Delfinbewegungen in widerstandsarmer Position?

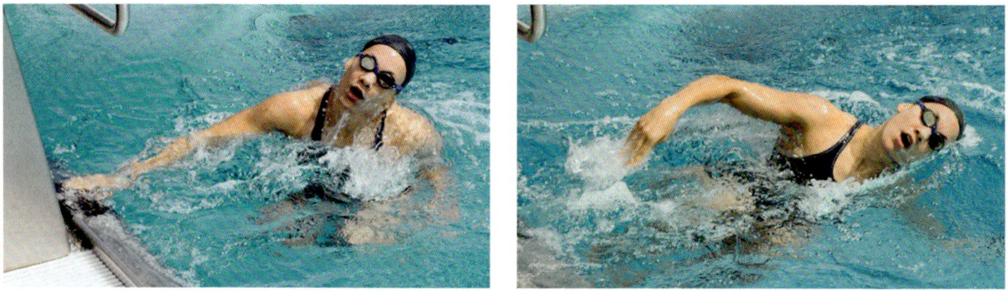

Abb. 59 Kippwende

Ausgewählte Kontrollmerkmale bei der Lagenwende, hier: Schmetterling → Rücken

⇛ Vor dem Anschlag den (die) letzten Beinschlag (Beinschläge) betont?
⇛ Timing: Anschlag gleichzeitig mit der Beendigung des letzten Beinschlages?
⇛ Vierteldrehung zu einer Körperseite, Pendelbewegung mit gebeugten Hüft- und Kniegelenken zur Wand und die Kippbewegung des Oberkörpers von der Wand weg erfolgen gleichzeitig?
⇛ Der oben skizzierte Bewegungsablauf wird durch eine Gegenbewegung des Unterwasserarmes unterstützt?
⇛ Abstoß in Rückenlage?
⇛ Sind vor dem Abstoß die Kniegelenke gebeugt (ca. 100°)?
⇛ Abstoß von der Wand kraftvoll?

Ausgewählte Kontrollmerkmale bei der Lagenwende, hier: Rücken → Brust

⇛ Rollwende (Lagen):
- Tiefer Anschlag und Rolle rückwärts?
- Abstoß in Bauchlage?

⇛ Modifizierte Rollwende:
- Anschlag in Seitenlage hinter dem Kopf?
- Über eine Rolle aus der Seitenlage Füße zur Wand?
- Abstoß in Seitenlage?

⇛ Naberwende:
- Hoher Anschlag (beim Anschlag Kopf unter Wasser und „Bogenspannung") und Rotation um die Tiefenachse?
- Beine über die Wasseroberfläche an die Wand
- Abstoß in Seitenlage?

Ausgewählte Kontrollmerkmale bei der Lagenwende, hier: Brust → Freistil

⇛ Vgl. Kontrollmerkmale der Drehwende Brust (vgl. S. 98).

Ausgewählte Kontrollmerkmale beim Finish

⇛ Keine Gleitphase vor dem Anschlag?
⇛ Werden Extrazyklen benötigt?
⇛ Wird der Körper vom gestreckten Anschlagarm weggedreht (Kraul und Rücken)?
⇛ Betonter Abdruck mit dem Zugarm (den Zugarmen) und betonter Beinschlag vor dem Anschlag?
⇛ Gesicht im Wasser (Kraul, Schmetterling, Brust)?
⇛ Anschlagkick betont (Schmetterling, Brust)?
⇛ 2–3 Zyklen vor der Wand mit betonten Zug-Druck-Phasen geschwommen?
⇛ Extreme Körperstreckung?
⇛ Körper zum Anschlagarm rotiert (Kraul und Rücken)?
⇛ Wurden die letzten Zyklen ohne Einatmung geschwommen (Kraul, Schmetterling)?

8.2.4 Stabilisierungstraining (= Aufmerksamkeit auf Technikmerkmale lenken)

Strukturierung des Armzugs und Kopplung der Teilbewegungen

⇛ RAr, R: „Breakswim": Beim Abdruck (z. B. rechter Arm) und nach dem Eintauchen (z. B. linker Arm) Stoppaktion (bis 3 zählen) – mit Pullbuoy- oder
26 Flossenunterstützung und später mit Beinbewegungen (vgl. Film 26).

⇛ RAr, R: „Breakswim": Mit einer Stoppaktion in Schulterhöhe während der Zug-Druck-Phase (z. B. linker Arm) und während der Rückholphase (z. B. rechter Arm) – mit Pullbuoy, mit Flossen und später mit Beinbewegungen.

⇛ R_{ein}: Beim Eintauchen des rechten Arms nach rechts rollen, bis die linke Schulter auftaucht, und umgekehrt – mit Pullbuoy oder mit Flossen
27–29 oder mit Beinbewegungen (vgl. Film 27, 28, 29).

⇛ R_{ein}: Beim Abdruck jeweils betonter Kick mit dem Bein der gleichen Seite – z. B. Abdruck rechts und Kick mit dem rechten Bein.

⇛ RAr_{Do} oder R_{ein}: Nach Demonstration vom Beckenrand aus („Beugung der Ellbogengelenke in Rückenlage") imitieren die Schwimmer die Armzüge im Wasser: Beim Doppelarmzug müssen beide Hände in Schulterhöhe die Wasseroberfläche durchbrechen, und die Ellbogen zeigen zum Beckenboden – mit Pullbuoy, mit Flossen und später mit Beinaktionen.

⇛ RAr_{Do} mit Rhythmusvorgabe: „t i e f – **Zug** – **ab**" (t i e f beim Abwärtsskull – **Zug** beim Einwärtsskull – **ab** beim Rückwärtsskull) – mit Pullbuoy, mit Flossen oder mit Beinaktionen (Rücken oder Brust).

⇛ R_{ein} mit Rhythmusvorgabe: „t i e f – **Zug** – **ab**" im Wechsel mit R (Anmerkung: Bei R konzentriert sich der Schwimmer zunächst immer nur auf einen Arm).

8.2.5 Kraultechnik stabilisieren

Strukturierung der Armbewegung und Kopplung der Teilbewegungen

⇛ KAr, K: „Breakswim": Nach dem Eintauchen (z. B. linker Arm) und beim Abdruck (z. B. rechter Arm) Stoppaktion (bis 3 zählen) – mit Pullbuoy oder Flossen oder Beinbewegungen.

⇛ K_{ein} (linke Hand in Tiefhalte): Beim Eintauchen der rechten Hand nach rechts rollen und zur linken Seite einatmen, später zur rechten Seite einatmen – linker Ellbogen und linke Schulter müssen beim Rollen auftauchen.

⇛ K_{ein}: Beim Abdruck mit dem rechten Arm den Kick des rechten Beins betonen.

⇛ K_{ein}: Auf den gestreckten Zugbeginn oder den betont langsamen Zugbeginn oder den hohen Ellbogen oder den Einwärtsanteil oder den betonten Abdruck konzentrieren (Demonstration vom Beckenrand aus und Imitation).

⇛ K_{ein} im Wechsel mit K, aber mit zusätzlicher Rhythmusvorgabe: Selbstbefehle „t i e f – **Zug – ab" (t i e f** beim Abwärtsanteil, **Zug** beim Einwärtsanteil und **ab** beim Rückwärtsanteil).

8.2.6 Brusttechnik stabilisieren

Strukturierung der Arm- und Beinbewegung und Kopplung der Teilbewegungen

⇛ BAr, BBe, B: Die Technikmerkmale Ellbogenbeugung oder Innenrotation der Oberarme (= „hoher Ellbogen") oder Schlagphase mit Charlie-Chaplin-Position vom Beckenrand aus demonstrieren. Nach der Demonstration imitieren die Schwimmer die Teilbewegungen im Wasser.

⇛ BAr, BBe: „Breakswim" mit folgenden Stoppaktionen (pro Zyklus nur eine Stoppaktion). Bei der Armbewegung: Ende Auswärtsanteil, Ende Einwärtsanteil und nach der Rückholphase (mit und ohne Pullbuoy). Bei der Beinbewegung: Ende Rückholphase, Ende Auswärtsanteil und am Ende der Schlagphase (mit und ohne Schwimmbrett).

⇛ BBe, B: Bei der Beinbewegung durchbrechen die Fußsohlen die Wasseroberfläche (also nur Kniegelenke beugen!).

⇛ BAr, BBe, B: Armaktionen und Beinbewegungen nach Rhythmusvorgabe. Bei der Armaktion: a u s – **ein** (a u s beim Auswärtsanteil, **ein** beim Einwärtsanteil). Bei der Beinbewegung a n – **aus** – **ein** (a n bei der Rückholphase, **aus** beim Auswärtsanteil, **ein** beim Einwärtsanteil).

8.2.7 Brusttauchzug und Schmetterlingstechnik stabilisieren

Strukturierung der Armbewegung und Kopplung der Teilbewegungen

⇛ BAr_{Tauch} mit Rhythmusvorgabe: a u s – **ein** – **ab** (a u s beim Auswärtsanteil, **ein** beim Einwärtsanteil und **ab** beim Abdruck).

⇛ B_{Tauch} mit Rhythmusvorgabe (s. oben): Abstoß und Gleiten (Arme in Vorhalte, dann Brusttauchzug).

⇛ Tauchzug (Arme) und Gleiten (Arme in Tiefhalte) Rückholphase der Arme plus Beinschlag, Gleiten und Auftauchen (Arme in Vorhalte).

⇛ K_{ein} und K_{Ab}: Eintauchkick beim Eintauchen eines Arms und Auftauchkick beim Abdruck – Einatmung beim Auftauchkick (Übungsform auch im Wechsel mit S).

⇛ DBe, S: Mit vorgegebenem Beinschlagrhythmus schwimmen („kick" – „kick" – – – „kick", „kick" – – –); regelmäßige Einatmung (bei jedem 2. Kick) und Ausatmung durch Mund und Nase.

⇛ Mit betont langsamem 2-er-Rhythmus Delfinbeinschlag schwimmen und immer beim 2. Kick einatmen, die Arme beim 2. Kick bis zur Hüfte durchs Wasser ziehen und unter Wasser wieder vorschieben (Übungsform auch im Wechsel mit S).

⇛ BAr_{Tauch} mit 2 Kicks schwimmen – unter Wasser und an der Wasseroberfläche.

⇛ DBe- und S-Demonstration und Imitation: z. B. Bogenspannung und Kick (in Rückenlage oder in Seitenlage) oder hohe Ellbogenhaltung oder Abdruck demonstrieren und dann imitieren lassen.

8.3 SwimStar Gold – Koordinationstraining

⇛ S: Mit 3, 4 oder 5 Beinschlägen (vgl. Film 30).

⇛ S: Nur mit 1 Beinbewegung (nur „Auftauchbeinschlag" oder nur Eintauchbeinschlag schwimmen; vgl. Film 31).

30–32 ⇛ RAr_{Do} mit BBe oder mit SBe koppeln (vgl. Film 32 und Abb. 60).

⇛ K: Einen Arm unter Wasser und den „Einatmungsarm" über Wasser rückholen – Atemseite wechseln (Zyklenzahl vor dem Wechsel variieren).

33 ⇛ K: Beide Arme unter Wasser rückholen (vgl. Film 33).

⇛ K: Mit dem rechten Arm „Hundeschwimmen" (Zuganteil des Armzugs) und mit dem linken Arm hinten „Entenschwimmen" (Druckanteil der Armbewegung) – jeweils nach einigen Zyklen wechseln

34 (Zyklenzahl vor dem Wechsel variieren; vgl. Film 34).

⇛ RAr_{Do}: Einen Arm unter Wasser und einen Arm über Wasser rückführen (mit Pullbuoy, mit RBe, mit BBe, mit SBe) – nach einigen Zyklen Beinbewegung wechseln.

⇛ K: Nach links, zur Mitte, nach rechts einatmen (pro Zyklus).

⇛ Sch_{Arten}, TAk: Ein Streckenintervall (25- oder 50-m-Bahn) mit möglichst wenigen oder möglichst vielen Zyklen schwimmen.

⇛ K, R: Mit ausgeprägter Rollbewegung um die Körperlängsachse (Ausprägung der Rollbewegung variieren) schwimmen.

⇛ R: Gebeugte Arme über Wasser, Unterwasserzug mit gestrecktem Arm, nach 3 oder 2 Zyklen wechseln, oder nach einigen Zyklen die Seite wechseln.

⇛ Sch_{Arten}, TAk: Mit Partner(n) synchron schwimmen (mit Zyklusfrequenzvariationen, die von einem Partner vorgegeben werden).

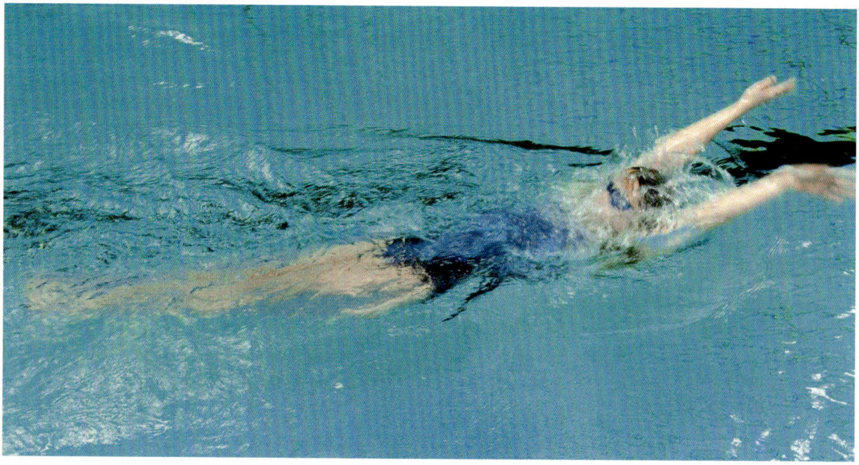

Abb. 60 Doppelarmzug in Rückenlage mit Delfinbeinbewegungen

- ⇛ Sch_{Arten}, TAk: Nach jeweils 4, 3, 2 oder 2, 3, 4 Zyklen in der Lagenreihenfolge die Schwimmart wechseln.
- ⇛ R_{ein} (ein Arm paddelt in Tiefhalte): Betonte Rollbewegung zum Zugarm, jeweils die 3. Rollbewegung in die Bauchlage, dann K_{ein} ... (s. oben).
- ⇛ KAr, RAr, SAr: 6 × Abdruckskulls im Wechsel mit Komplettbewegungen **35** (vgl. Film 35).
- ⇛ KAr, BAr, SAr: 6 × Einwärtsskulls im Wechsel mit Komplettbewegungen (vgl. Film 36). **36**
- ⇛ KBe, RBe, SBe: In Seitenlage schwimmen und einen Arm in Schulterhöhe aus dem Wasser strecken (10 m, 25 m oder 50 m; vgl. Film 37).
- ⇛ K, R, S, B: 3 Zyklen mit „Ellbogen übertrieben zu hoch" im Wechsel mit **37** 3 Zyklen mit „Ellbogen übertrieben tief".

8.4 SwimStar Gold – Konditionstraining (= nur einige ausgewählte Vorgaben)

- ⇛ 12 × 50 m K (2-er-, 3-er-, 4-er-, 5-er-Zug im Wechsel, nach dem Abstoß möglichst lange ohne Einatmung schwimmen; Intervallpausen <30 s).
- ⇛ 2 × 200 m Lagen (jeweils nach 25 m Schwimmart wechseln, Beinschlag betonen).
- ⇛ 25 m S, 75 m R, 100 m B, 150 m K, 200 m La (kurze Pausen: 15–30 s).
- ⇛ 5 × 200 m LaBe (30–60 s Pause).
- ⇛ 5 × 100 m LaAr (30–60 s Pause).

Wichtig: Rumpfstabilisierung, Kräftigung der Antriebsmuskulatur (Krafttraining mit dem eigenen Körpergewicht, mit Zugseil und Theraband, mit Gewichtsbelastungen – dem kalendarischen Alter und dem Trainingsalter angepasst) und Schnelligkeitstraining (mit beherrschten Teilbewegungen) ergänzen das ausdauerorientierte Intervalltraining.

TopTipps VI

- ⇛ Intensive **Fremdkontrolle** von Übungsleitern und Trainern (Technikmerkmale und -fehler sind Basis für die Fremdkontrolle; vgl. Kap. 2.1 und Kap. 7.2).
- ⇛ Schwimmer müssen lernen, sich selbst zu korrigieren (= **Eigenkontrolle;** vgl. Kap. 8.2.2).
- ⇛ Schwimmer müssen lernen, **Technikmerkmale** zu variieren.
- ⇛ Alle Technikübungen immer **5–10 × wiederholen.**
- ⇛ Technikübungen immer auch **variieren.**
- ⇛ Zwischen den Technikübungen **aktive Pausen** einplanen: z. B. locker Kraul oder locker RAr_{Do} mit RBe schwimmen.
- ⇛ Auf diesem Niveau immer wieder die **Aufmerksamkeit** auf ein Technikmerkmal lenken (Stabilisierung).

Technik optimieren

SwimStar Kraul

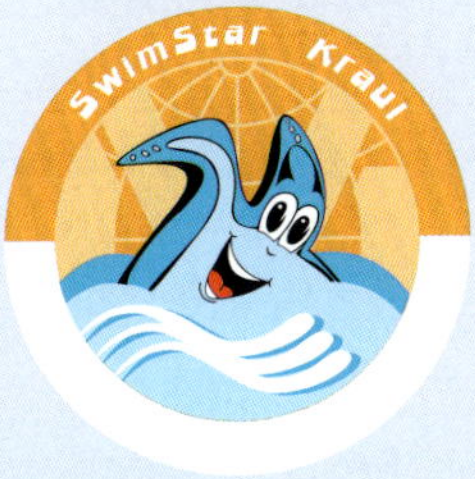

Anforderungen

⇛ Die Schwimmart **Kraul** muss technisch korrekt ausgeführt werden (≥ **10 Punkte** bei Fremdkontrolle mit der Checkliste - vgl. Tabelle 15).

⇛ **25-m-Sprints** mit korrektem Start und mit Delfinbewegungen bis 15 m und mit korrektem Finish.

⇛ 15 m vor der Wendewand anschwimmen, **Rollwende** und Abstoß mit Delfinbewegungen bis 15 m.

⇛ 5 **Kraul-Koordinationsübungen** demonstrieren.

⇛ 400 m Kraul mit **Tempospiel** (= Steigerung der Zyklusfrequenz pro Bahn).

SwimStar Rücken

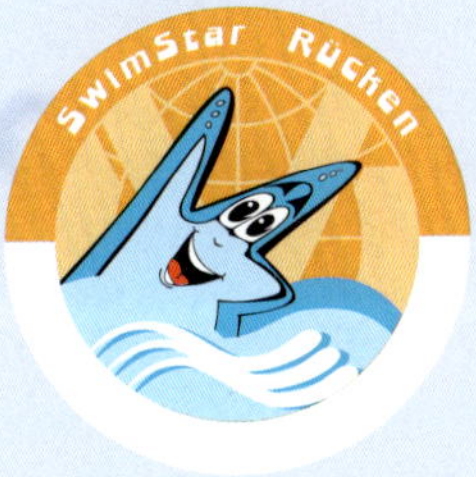

Anforderungen

⇛ Die Schwimmart **Rücken** muss technisch korrekt ausgeführt werden (≥ 10 Punkte bei Fremdkontrolle mit der Checkliste).

⇛ 25-m-Sprint mit korrektem **Start** und mit **Delfinbewegungen** bis 15 m und mit korrektem Finish.

⇛ 15 m vor der Wendewand anschwimmen, **Rollwende** und Abstoß mit Delfinbewegungen bis 15 m.

⇛ 5 **Rücken-Koordinationsübungen** demonstrieren.

⇛ 200 m Rücken mit **Tempospiel** (= Steigerung der Zyklusfrequenz pro Bahn).

SwimStar Brust

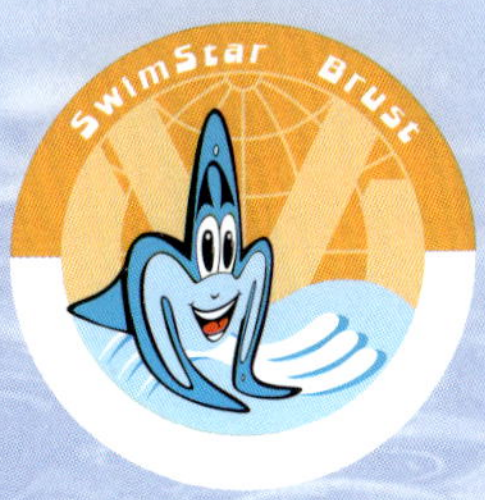

Anforderungen

⇛ Die Schwimmart **Brust** muss technisch korrekt ausgeführt werden (≥10 Punkte bei Fremdkontrolle mit der Checkliste).

⇛ 25-m-Sprint mit korrektem **Start** und mit Tauchzug bis 15 m und mit korrektem **Finish.**

⇛ 15 m vor der Wendewand anschwimmen, **Wende** und **Abstoß** mit Tauchzug mit Delfinbewegung.

⇛ 5 **Brust-Koordinationsübungen** demonstrieren.

⇛ 200 m Brust mit **Tempospiel** (= Steigerung der Zyklusfrequenz pro Bahn).

SwimStar Schmetterling

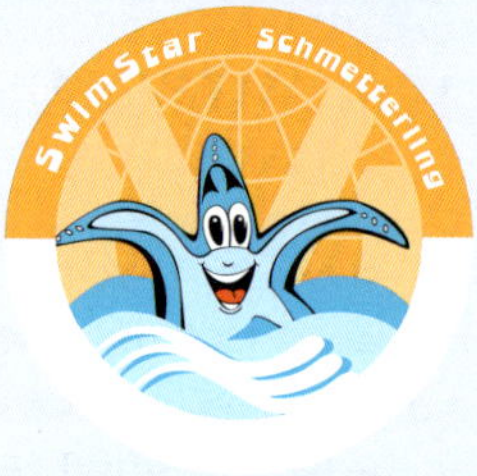

Anforderungen

- ⇛ Die Schwimmart **Schmetterling** muss technisch korrekt ausgeführt werden (≥10 Punkte bei Fremdkontrolle mit der Checkliste).
- ⇛ 25-m-Sprint mit korrektem **Start** und mit Delfinbewegungen bis 15 m und mit korrektem **Finish.**
- ⇛ 15 m vor der Wendewand anschwimmen, **Wende** und **Abstoß** mit Delfinbewegungen bis 15 m.
- ⇛ 5 **Schmetterling-Koordinationsübungen** demonstrieren.
- ⇛ 200 m Schmetterling mit **Tempospiel** (= Steigerung der Zyklusfrequenz pro Bahn).

SwimStar Lagen

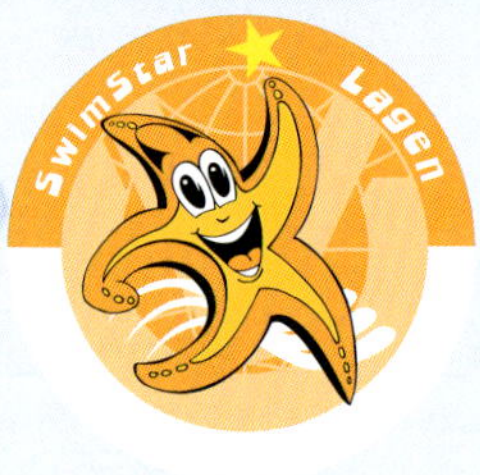

Anforderungen

- ⇛ Die **4 Schwimmarten** müssen technisch korrekt ausgeführt werden (jeweils ≥10 Punkte bei Fremdkontrolle mit der Checkliste).
- ⇛ **Korrekter Schmetterlingstart** mit Delfinbewegungen bis 15 m schwimmen.
- ⇛ 3 **Lagenwenden** korrekt ausführen.
- ⇛ 15 m anschwimmen und **Wende Schmetterling-Rücken.** Abstoß mit Delfinbewegungen bis 15 m.
- ⇛ 15 m anschwimmen und **Wende Rücken-Brust.** Abstoß und Tauchzug.
- ⇛ 15 m anschwimmen und **Wende Brust-Kraul.** Abstoß mit Delfinaktionen bis 15 m.
- ⇛ Pro Schwimmart 3 **Koordinationsübungen.**
- ⇛ 200 m Lagen mit **Tempospiel** (= Steigerung der Zyklusfrequenz pro Bahn).

9 SwimStars Kraul, Rücken, Brust, Schmetterling und Lagen

Die **SwimStars** Schwarz, Rot, Gold liefern u. a. die Basis für den Erwerb der **SwimStars Kraul, Rücken, Brust, Schmetterling und Lagen.** Die souveräne Beherrschung der Schwimmtechniken, der Starts und Wenden (vgl. Kap. 8.2.2) ist eine zentrale Voraussetzung für den Erwerb dieser **SwimStars. „... Koordination und Technik sind sehr wichtig. In den (...) Ausdauersportarten sichern sie die optimale Ausnutzung der energetischen Potenzen und die Ökonomisierung des Bewegungsablaufes ..."** (Hohmann et al., 2003, S. 101).

Die Schwimmtechniken werden mit einer Checkliste (vgl. Tab. 15) bewertet. Mit dem aeroben Ausdauertraining und dem Intervalltraining für die SwimStars Kraul, Rücken, Brust, Schmetterling und Lagen sollte erst begonnen werden, wenn beim Technikcheck jeweils ≥10 Punkte erreicht werden. Problem: Technikfehler werden ansonsten stabilisiert. Empfehlung: Aerobes Ausdauertraining mit KB am Brett oder mit SA, die beherrscht werden.

Tab. 15 Checkliste für die Technikbewertung (Druckversion auf www.swimstars.de)

	Brust	Rücken	Kraul	Schmetterling
Körperlage und Kopfhaltung bzw. -bewegung	Körperlage; Vor- oder Rückneigung des Kopfes *Maximal 2 Punkte* ☐	Rotation um die Längsachse *Maximal 2 Punkte* ☐ Körperlage; Positionierung des Kopfes *Maximal 2 Punkte* ☐	Rotation um die Längsachse *Maximal 2 Punkte* ☐ Körperlage; Positionierung des Kopfes und Kopfdrehung *Maximal 2 Punkte* ☐	Körperlage; Vor- bzw. Rückneigung des Kopfes *Maximal 2 Punkte* ☐
Zeitliche Kopplung	Arme/Beine *Maximal 3 Punkte* ☐	li. Arm/re. Arm *Maximal 3 Punkte* ☐	li. Arm/re. Arm (6-er) *Maximal 3 Punkte* ☐	Arme/Beine; *Maximal 4 Punkte* ☐
Zwischenphase	Rückholphase Arme *Maximal 1 Punkt* ☐ Rückholphase Beine *Maximal 2 Punkte* ☐	Rückholphase Arme; Eintauchen der Arme *Maximal 2 Punkte* ☐	Rückholphase der Arme *Maximal 2 Punkte* ☐	Rückholphase der Arme *Maximal 2 Punkte* ☐
Antrieb	Zugphase *Maximal 3 Punkte* ☐ Schlagphase *Maximal 4 Punkte* ☐	Zug-Druck-Phase *Maximal 4 Punkte* ☐ Schlagphasen *Maximal 2 Punkte* ☐	Zug-Druck-Phase *Maximal 4 Punkte* ☐ Schlagphasen *Maximal 2 Punkte* ☐	Zug-Druck-Phase *Maximal 4 Punkte* ☐ Schlagphasen *Maximal 3 Punkte* ☐
Gesamtpunktzahl	☐	☐	☐	☐

9.1 SwimStar Kraul – Anforderungen

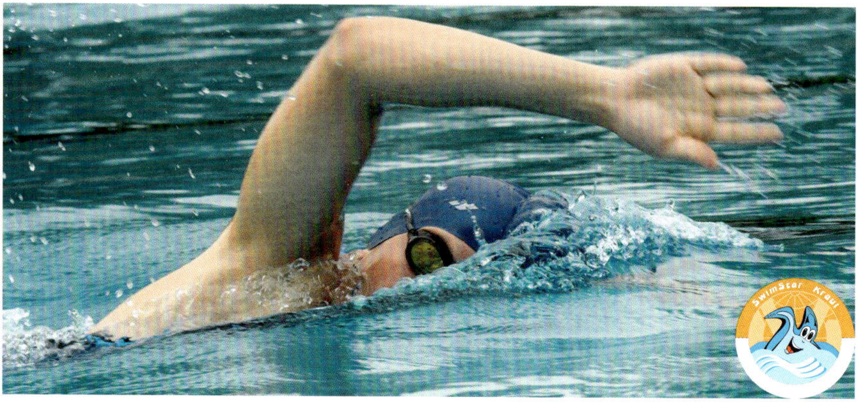

SwimStar Kraul

- Die Schwimmart **Kraul** muss technisch korrekt ausgeführt werden (≥ **10 Punkte** bei Fremdkontrolle mit der Checkliste – vgl. Tabelle 15).
- **25-m-Sprints** mit korrektem Start und mit Delfinbewegungen bis 15 m und mit korrektem Finish.
- 15 m vor der Wendewand anschwimmen, **Rollwende** und Abstoß mit Delfinbewegungen bis 15 m.
- 5 **Kraul-Koordinationsübungen** demonstrieren.
- 400 m Kraul mit **Tempospiel** (= Steigerung der Zyklusfrequenz pro Bahn).

9.2 SwimStar Rücken – Anforderungen

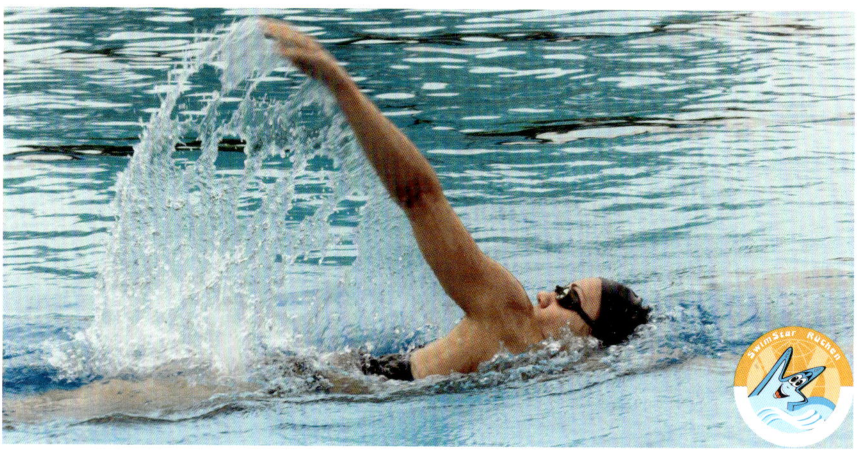

SwimStar Rücken

- ⇛ Die Schwimmart **Rücken** muss technisch korrekt ausgeführt werden (≥ 10 Punkte bei Fremdkontrolle mit der Checkliste).
- ⇛ 25-m-Sprint mit korrektem **Start** und mit **Delfinbewegungen** bis 15 m und mit korrektem Finish.
- ⇛ 15 m vor der Wendewand anschwimmen, **Rollwende** und Abstoß mit Delfinbewegungen bis 15 m.
- ⇛ 5 **Rücken-Koordinationsübungen** demonstrieren.
- ⇛ 200 m Rücken mit **Tempospiel** (= Steigerung der Zyklusfrequenz pro Bahn).

9.3 SwimStar Brust - Anforderungen

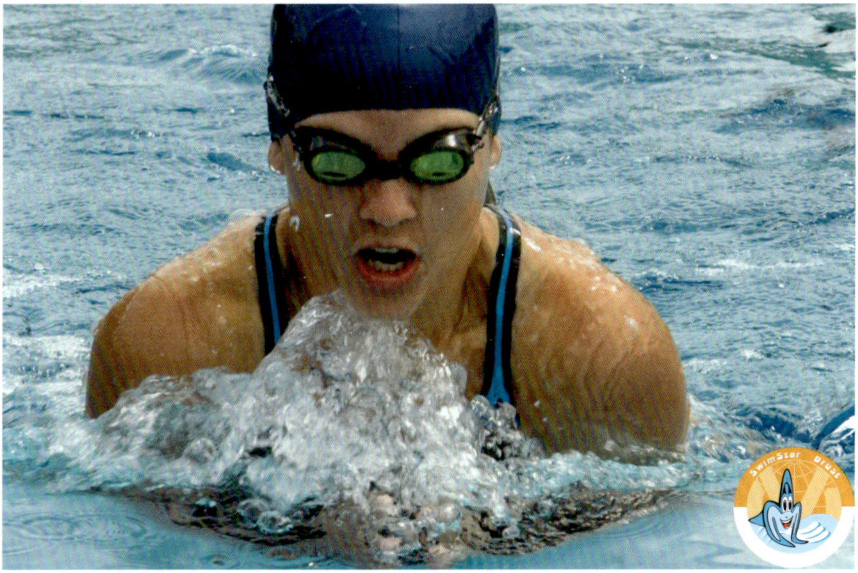

SwimStar Brust

- ⇛ Die Schwimmart **Brust** muss technisch korrekt ausgeführt werden (≥10 Punkte bei Fremdkontrolle mit der Checkliste).
- ⇛ 25-m-Sprint mit korrektem **Start** und mit Tauchzug bis 15 m und mit korrektem **Finish.**
- ⇛ 15 m vor der Wendewand anschwimmen, **Wende** und **Abstoß** mit Tauchzug mit Delfinbewegung.
- ⇛ 5 **Brust-Koordinationsübungen** demonstrieren.
- ⇛ 200 m Brust mit **Tempospiel** (= Steigerung der Zyklusfrequenz pro Bahn).

9.4 SwimStar Schmetterling – Anforderungen

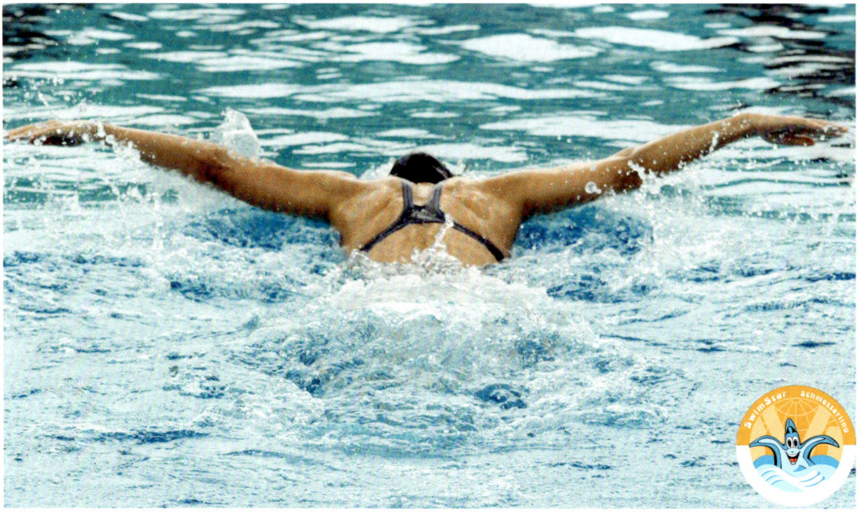

SwimStar Schmetterling

- ⇛ Die Schwimmart **Schmetterling** muss technisch korrekt ausgeführt werden (≥10 Punkte bei Fremdkontrolle mit der Checkliste).
- ⇛ 25-m-Sprint mit korrektem **Start** und mit Delfinbewegungen bis 15 m und mit korrektem **Finish.**
- ⇛ 15 m vor der Wendewand anschwimmen, **Wende** und **Abstoß** mit Delfinbewegungen bis 15 m.
- ⇛ 5 **Schmetterling-Koordinationsübungen** demonstrieren.
- ⇛ 200 m Schmetterling mit **Tempospiel** (= Steigerung der Zyklusfrequenz pro Bahn).

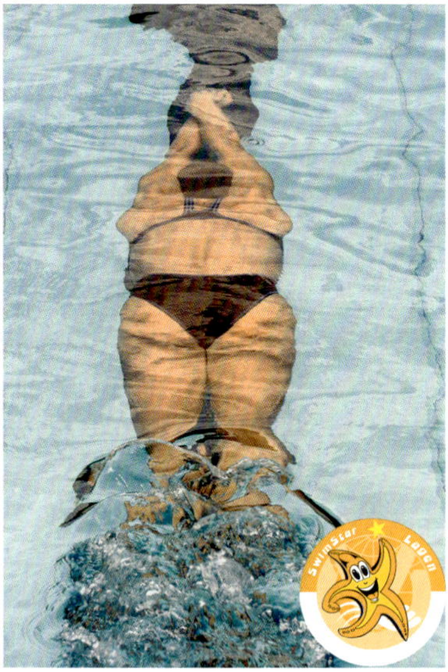

SwimStar Lagen

9.5 SwimStar Lagen – Anforderungen

- ⇛ Die **4 Schwimmarten** müssen technisch korrekt ausgeführt werden (jeweils ≥10 Punkte bei Fremdkontrolle mit der Checkliste).
- ⇛ **Korrekter Schmetterlingstart** mit Delfinbewegungen bis 15 m schwimmen.

- ⇛ 3 **Lagenwenden** korrekt ausführen.
- ⇛ 15 m anschwimmen und **Wende Schmetterling-Rücken.** Abstoß mit Delfinbewegungen bis 15 m.
- ⇛ 15 m anschwimmen und **Wende Rücken-Brust.** Abstoß und Tauchzug.
- ⇛ 15 m anschwimmen und **Wende Brust-Kraul.** Abstoß mit Delfinbewegungen bis 15 m.
- ⇛ Pro Schwimmart 3 **Koordinationsübungen.**
- ⇛ 200 m Lagen mit **Tempospiel** (= Steigerung der Zyklusfrequenz pro Bahn).

9.6 Eine solide Basis ist entscheidend

- ⇛ Sch_{Arten}, TAk: Streckenintervalle mit möglichst wenigen Zyklen mit korrekter Technik und mit Wettkampfgeschwindigkeit schwimmen (6 × 25 m oder 10 × 50 m - 1-3 min Pause).
- ⇛ Stabilisierungstraining: Technikmerkmale werden vom Trainer, z. B. beim Einschwimmen, bei Wettkampfsimulatoren oder bei sogenannten Techniksprints vorgegeben, und die Schwimmer lenken ihre Aufmerksamkeit auf das jeweilige Merkmal.
- ⇛ Beim „Pointrace" müssen die Schwimmer die erzielte Punktzahl während der Trainingsperiode immer weiter reduzieren.
- ⇛ Der Betrag des Stroke-Index muss während der Trainingsperiode kontinuierlich verbessert werden.
- ⇛ Der Betrag der Zykluswege muss beim Frequenzstufentest während der Trainingsperiode verbessert werden (= Rechtsverschiebung der Zyklusfrequenz-Zyklusweg-Kennlinie).

9.7 SwimStars - Koordinationstraining

- ⇛ K, R: Beim Eintauchen oder beim Abdruck Kick der Gegenseite oder Kick der gleichen Seite betonen.
- ⇛ K: 2 × pro Zyklus zu einer Seite einatmen (nach einigen Zyklen Atemseite wechseln) im Wechsel mit normalen Zyklen.
- ⇛ S: Zur Seite atmen - 3 × rechts, 3 × links etc. im Wechsel mit normaler Einatmung (Rückneigung des Kopfes).
- ⇛ R: Zwischen 2 Zyklen 1 × oder 2 × während der Rückholphase mit gestreckten Armen scheren (vgl. Film 38 und Abb. 61). 38
- ⇛ S: Mit Beifall hinten (nach dem Ausheben in die Hände klatschen; vgl. Film 39, vgl. Abb. 62). 39
- ⇛ R: Mit Partner Rücken schwimmen und während der Rückholphase „high five" - rechter Partner mit linker Hand, linker Partner mit rechter Hand (vgl. Film 40). 40

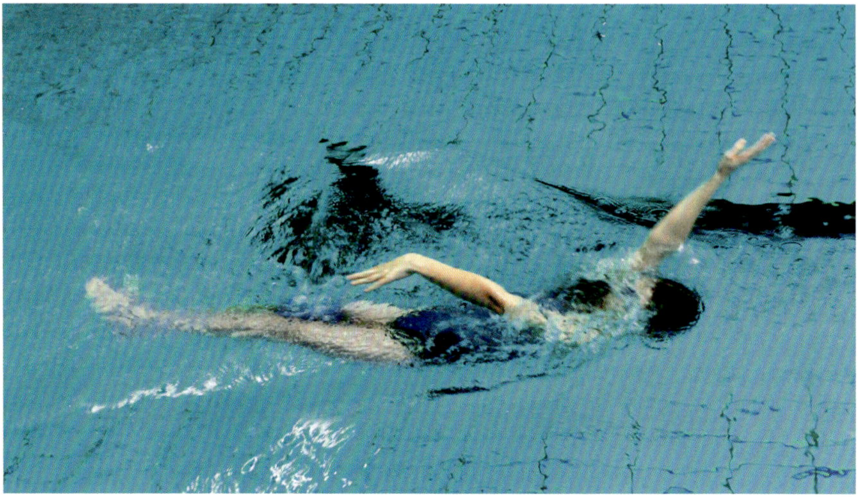

Abb. 61 Rückenschere

41

- ⇛ K: Mit Partner synchron Kraul schwimmen (vgl. Film 41).
- ⇛ S: Beim Einwärtsanteil in die Hände klatschen und vor dem Ausheben an die Oberschenkel klatschen.
- ⇛ K, R: 2 Zyklen mit dem rechten Arm ausführen, während der linke Arm 1 Zyklus ausführt, und umgekehrt.
- ⇛ Sch_{Arten}, TAk: Jeweils die Ausprägung einer Dimension (auf-, ab-, ein-, aus-, rückwärts) der Raumstruktur variieren (verkürzen oder verlängern), nur links oder nur rechts oder mit beiden Armen oder Beinen.

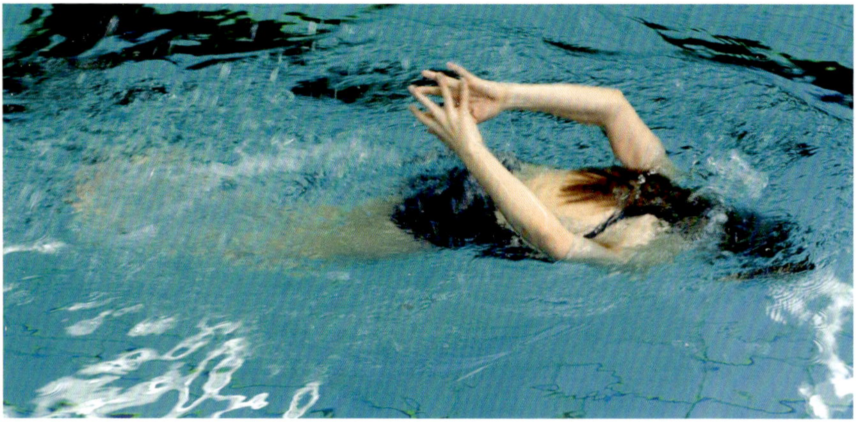

Abb. 62 Nach dem Ausheben in die Hände klatschen

⇛ Sch_{Arten}, TAk: Gelenkwinkel (Ellbogen, Knie) variieren (mit beiden Armen/Beinen gleich- oder wechselseitig).

⇛ Sch_{Arten}, TAk: Anstellwinkel von Händen und Füßen bei den verschiedenen Schlag-, Zug- und Druckanteilen während des Bewegungsablaufs variieren (mit beiden Armen/Beinen gleich- oder wechselseitig).

⇛ Die Ausprägung der zeitlich-dynamischen Struktur variieren:

- Sch_{Arten}, TAk: Zugbeginn, Einwärtsskull oder Rückwärtsskull betonen (nur einarmig oder mit beiden Armen).
- Betonter Aufwärts- oder (und) Abwärtskick bei KBe, RBe, SBe – bei K, R nur mit einem Bein oder mit beiden Beinen.
- BBe: Schlagphase oder Rückholphase betonen.
- BAr, SAr, KAr, RAr mit übertrieben starken Muskelkontraktionen ausführen und BBe, DBe, KBe, RBe entspannt ausführen und umgekehrt.

⇛ RAr_{Do} (mit und ohne Pullbuoy): Rückholphase entspannt – Unterwasserzug mit übertrieben starken Muskelkontraktionen (und umgekehrt) oder Rückholphase rechts entspannt und Rückholphase links nicht entspannt oder Zug-Druck-Phase rechts entspannt und Zug-Druck-Phase links nicht entspannt (nach einigen Zyklen wechseln).

⇛ Sch_{Arten}, TAk: 3 Zyklen kraftvoll – 3 Zyklen betont locker etc.

⇛ Sch_{Arten}, TAk: 3 Zyklen mit linkem Arm betont stark und mit rechtem Arm betont locker schwimmen, dann wechseln.

⇛ Sch_{Arten}, TAk: 3 Zyklen mit entspannter RH-Phase – 3 Zyklen mit nicht entspannter RH-Phase.

⇛ 6 Tauchzüge ausführen: Im Wechsel ein Tauchzug entspannt und ein Tauchzug mit übertrieben starken Muskelkontraktionen (5 Wiederholungen, immer mit Abstoß vom Beckenrand beginnen).

⇛ DBe unter Wasser in Bauchlage: 3 × entspannt – 3 × mit übertrieben starken Muskelkontraktionen oder 2 × entspannt – 2 × mit übertrieben starken Muskelkontraktionen oder 1 × entspannt – 1 × mit übertrieben starken Muskelkontraktionen (5 Wiederholungen, immer mit Abstoß vom Beckenrand beginnen).

⇛ „Scheibenwischer" in Bauchlage mit Pullbuoy (Arme im Schultergelenk 90° abgewinkelt und Oberarme parallel zur Wasseroberfläche): Mit 90°-Anstellwinkel oder mit 45°-Anstellwinkel Streckenintervalle (10 m oder 25 m) mit möglichst wenig Skulls bewältigen – Skulls zählen und vergleichen (vgl. Film 21). **21**

⇛ „Scheibenwischer": Beim Einwärtsskull nach jeweils 3 Zyklen den Anstellwinkel verändern (0°, 90°, 45°) und vergleichen.

⇛ BBe: Gelenkwinkel (Knie) und/oder Hüfte variieren und vergleichen (90°; >90°; <90°) und Streckenintervalle (10 m oder 25 m) mit möglichst wenigen Zyklen bewältigen.

- ⇛ KAr, RAr, BAr, SAr: Gelenkwinkel (Ellbogen) variieren und vergleichen (90°; >90°; <90°) und Streckenintervalle (10 m oder 25 m) mit möglichst wenigen Zyklen bewältigen.
- ⇛ K, R, S, B: Abwärtsanteil (K, R) bzw. Auswärtsanteil (B, S) oder Einwärtsskull (B, S, K, R) oder Rückwärtsanteil (B, S, K, R) betont ausführen (nur links oder nur rechts oder links und rechts) und ein Streckenintervall mit möglichst wenigen Zyklen bewältigen.
- ⇛ S: SAr mit 2 SBe, dann SAr mit 1 SBe, dann SAr mit 3 SBe, dann SAr mit 2 DBe etc.
- ⇛ KBe, BBe, DBe: Mit senkrecht gestelltem Schwimmbrett oder mit den Armen in Seithalte oder mit den Armen in Tiefhalte – Tempo innerhalb eines Streckenintervalls (10 m, 25 m oder 50 m) steigern.

42

- ⇛ KAr, RAr, BAr, SAr (mit Pullbuoy): Mit angehockten oder gegrätschten Beinen schwimmen (10 m, 25 m oder 50 m; vgl. Film 42 und Abb. 63).

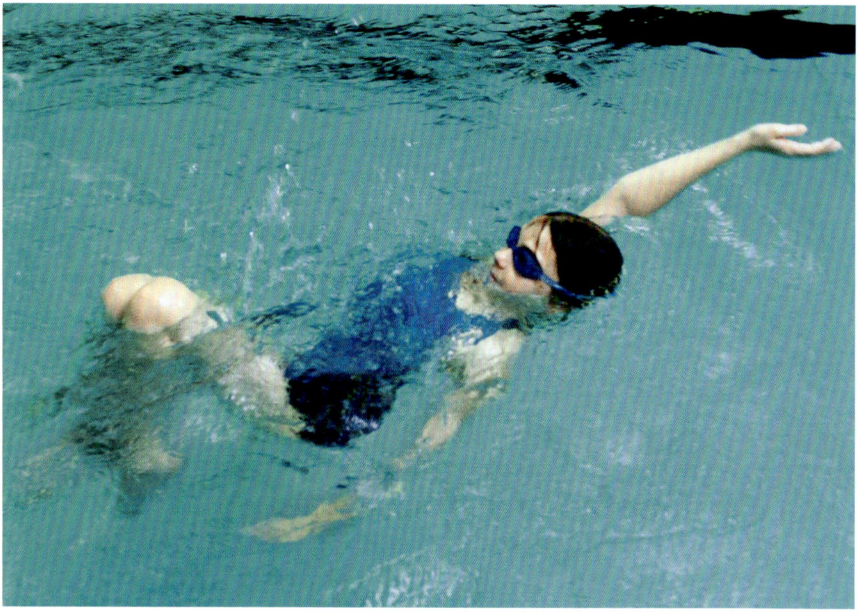

Abb. 63 Mit angehockten Beinen schwimmen

43

- ⇛ KBe, RBe, BBe, DBe (mit und ohne Flossen): In vertikaler Position Beinschläge trainieren – „sich bis zur Hüfte aus dem Wasser treiben"; einen oder beide Arme in Hochhalte oder mit Partner einen (zwei) Ball (Bälle) hin- und herwerfen (vgl. Film 43).

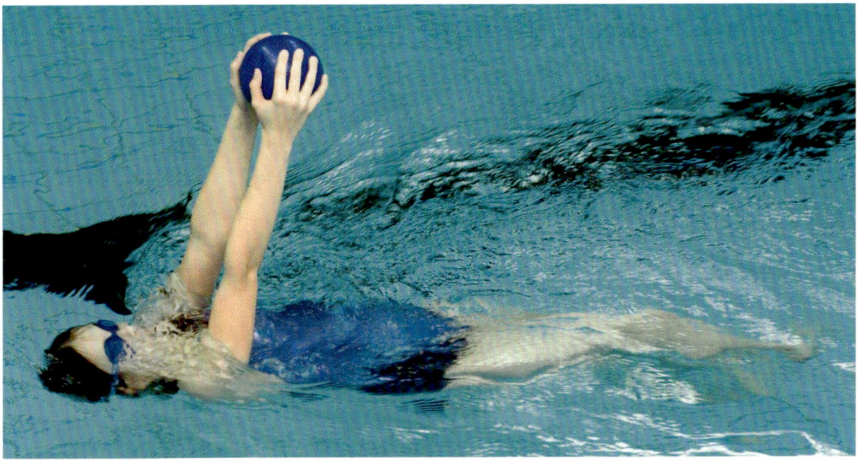

Abb. 64 Rückenbeinbewegung mit Zusatzaufgabe

⇛ RBe, DAk$_{\text{Rü}}$, BBe$_{\text{Rü}}$: Schwimmbrett oder Bälle in Schulterhöhe aus dem Wasser halten (oder in die Händen klatschen) und 10 m, 25 m oder 50 m schwimmen (vgl. Abb. 64).

⇛ DAk$_{\text{Seit}}$ mit einem Arm außerhalb des Wassers schwimmen (vgl. Abb. 65).

⇛ Sch$_{\text{Arten}}$, TAk: Nach hochfrequenter Vorbelastung (25-m- oder 50-m-Sprint) ein Streckenintervall (25 m oder 50 m) mit möglichst wenigen Zyklen (mit und ohne Zeitvorgabe) bewältigen.

⇛ K-, R-, S-, B-Faustschwimmen: Eine Bahn mit zur Faust geballter (geballten) Hand (Händen) – dann mit normalen Zyklen ein Streckenintervall mit möglichst wenigen Zyklen (mit und ohne Zeitvorgabe) bewältigen (vgl. Film 44). **44**

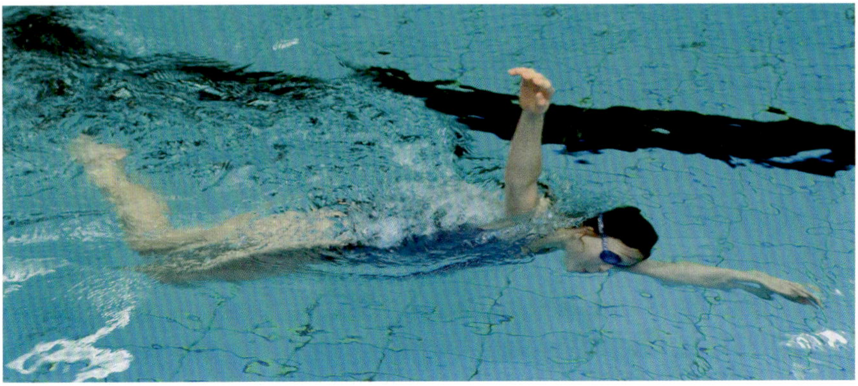

Abb. 65 Delfinbewegung in Seitenlage mit Zusatzaufgabe

45–46 ⇛ Sch_{Arten}, TAk: Unter der Wasseroberfläche (bei Rücken bleibt das Gesicht über Wasser) schwimmen im Wechsel mit normalen Zyklen (immer nach 3–6 Zyklen wechseln; vgl. Film 45, 46).

⇛ S, B: Unter der Körpermitte kreuzen sich die Hände beim Einwärtsskull – einmal rechte Hand vorn und einmal linke Hand vorn.

⇛ K, R, S, B: Kleinräumige Armaktionen im Wechsel mit etwas großräumigeren Beinaktionen und umgekehrt.

⇛ R: Vor dem Ausheben des rechten Arms und vor dem Eintauchen des linken Arms mit den Armen scheren (vgl. Film 38).

⇛ Start, Wende: Gleitphase mit gegrätschten (angehockten) Beinen beginnen und dann erst mit DBe oder dem Tauchzug beginnen.

⇛ K_{Roll}, R_{Roll}: Anschwimmen und in Höhe der 5-m-Leinenmarkierung, also vor der eigentlichen Wende, eine Rolle vorwärts ausführen.

⇛ K_{Roll}, R_{Roll}: Vor Einleitung der Rolle in Hüfthöhe (über der Wasseroberfläche) in die Hände klatschen.

⇛ Finish und Wende: Anschwimmen und in Höhe der 5-m-Leinenmarkierung bei Kraul in Rücken- oder bei Rücken in Bauchlage und zurück rotieren.

⇛ Finish: Vor dem Anschlag in Hüfthöhe (über der Wasseroberfläche) in die Hände klatschen und S.

⇛ Finish und Wende bei K, S, B in Rückenlage (bei R in Bauchlage) anschwimmen und während der Adaption (2,5 m vor der Wand) in die Körperlage der Zieltechnik rotieren.

9.8 SwimStars – Konditionstraining (= nur einige ausgewählte Vorgaben)

Die Inhalte des Konditionstrainings entsprechen den ausgewählten Konditionseinheiten, die für den **SwimStar Gold** vorgeschlagen wurden, die Belastungsvorgaben (Intensität, Dichte, Umfang) müssen kontinuierlich gesteigert und der jeweiligen Trainingsperiode angepasst werden.

Mit Beginn der Trainingsetappe Aufbautraining (alle Technikbewertungen mit Hilfe der Checkliste ergeben mindestens 10 Punkte) müssen die für die Sportart Schwimmen relevanten konditionellen Fähigkeiten zielorientiert trainiert werden.

... und zum Schluss: Eine Lernepisode

Der 17-jährige Peter beobachtet Sonja und stellt seinem Trainer die Frage: „Sonja schwimmt problemlos 200 m Schmetterling, warum strengt mich ‚Schmett' so sehr an?"

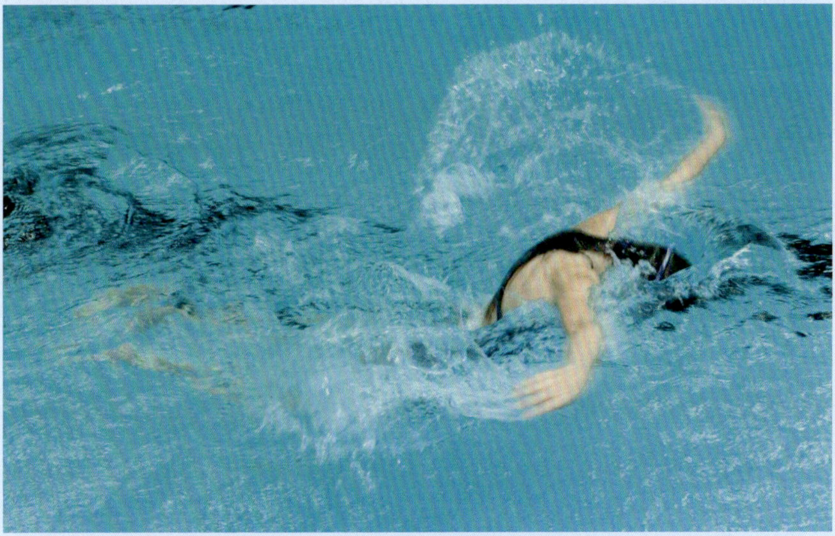

Der Trainer hat Peters Bewegungsprobleme bereits registriert und demonstriert, erklärt, korrigiert, lobt und schlägt Technikübungen vor:

- ⇛ „Du schwimmst nur mit dem Eintauchkick. Versuche, Dich zur Einatmung mit dem Auftauchkick wie ein Boot aus dem Wasser zu schieben – bitte schwimme nach einem Abstoß nochmals 3 oder 4 Züge."
- ⇛ „Du kannst die beiden Beinschläge bei Sonja sehr gut beobachten – versuche, nach einem Abstoß 3 oder 4 Züge zu schwimmen."
- ⇛ „Dein Zugbeginn ist überhastet, und Du führst den Unterwasserzug ohne S-Struktur aus, d. h. die Zeit für einen 2. Delfinbeinschlag ist zu kurz."

⇛ „Versuche, mit folgenden Technikübungen deine Bewegungsausführung noch weiter zu verbessern:
- Kraul einarmig mit 2 Kicks kombinieren.
- Zunächst nur 3 Tauchzüge (Armbewegungen mit Pullbuoy) an der Wasseroberfläche schwimmen, erst ohne und dann mit regelmäßiger Ein- und Ausatmung (bei der Ausatmung bis 5 zählen).
- Zunächst nur 3 Brusttauchzüge (nur Armbewegungen) mit 2 Delfinbewegungen kombinieren, erst ohne und dann mit regelmäßiger Ein- und Ausatmung."

⇛ „Ohne den 2. Abwärtskick beugst Du während des Armzuges die Kniegelenke, die angewinkelten Unterschenkel bremsen dann – versuche nochmals, nach einem Abstoß 3 oder 4 Züge zu schwimmen."

⇛ „Vielleicht hilft es, wenn Du Dir die Bewegung noch einmal vorstellst: ein Kick beim Eintauchen (= Eintauchkick) der Hände, ein Kick beim Abdruck (= „Auftauchkick") – versuche, entspannt noch einmal 3 oder 4 Züge zu schwimmen, erst ohne und dann mit regelmäßiger Ein- und Ausatmung."

⇛ „Versuche, die beiden Kicks nach folgendem Rhythmus zu koppeln: Kick – Kick – – Kick – Kick ... Nachdem Du Dir den Rhythmus eingeprägt hast, versuche, ihn beim Schwimmen nachzuvollziehen und schwimme nach einem Abstoß entspannt 3 oder 4 Züge".

⇛ Trainer: „Jetzt sind beide Kicks zu beobachten, ganz prima!" Peter: „Die beiden Kicks habe ich noch nicht registriert." Trainer: „Kontrolliere die beiden Kicks beim Weiterüben und pausiere immer nach 3–4 Zügen."

⇛ Um das Schmetterlingschwimmen zu begreifen, führt Peter den Bewegungsablauf immer wieder aus, er übt.

Nach einigen Wochen kann Peter schon 25 m Schmetterling ohne allzu große Anstrengung schwimmen – er freut sich.

Die konstruierte Lernsituation illustriert einige für das Bewegungslernen wesentliche Momente:

⇛ Der lernende Schüler ist **motiviert:** Peter möchte, dass seine Technikfehler korrigiert werden.

⇛ Gelernt wird nicht nur über **externe Bewegungsanweisungen,** sondern auch beim **Probieren** (= Selbstorganisation), d. h. der Lernende verändert dann über Bewegungsaufgaben (z. B. ein Streckenintervall mit möglichst wenigen Delfinbewegungen bewältigen) implizit, d. h. ohne dass die Veränderung von Peter artikuliert werden kann, seine Bewegungen.

⇛ Der Lehrende muss **Bewegungsfehler** kennen, erkennen, adäquat korrigieren und Lernerfolge rückmelden.

⇛ Eine Anweisung muss **lernrelevant** (z. B. mit Hilfe eines wirkungsvollen Sprachbildes, einer Metapher) mitgeteilt werden: „... sich mit dem 2. Kick wie beim Wasserski aus dem Wasser schieben ..."

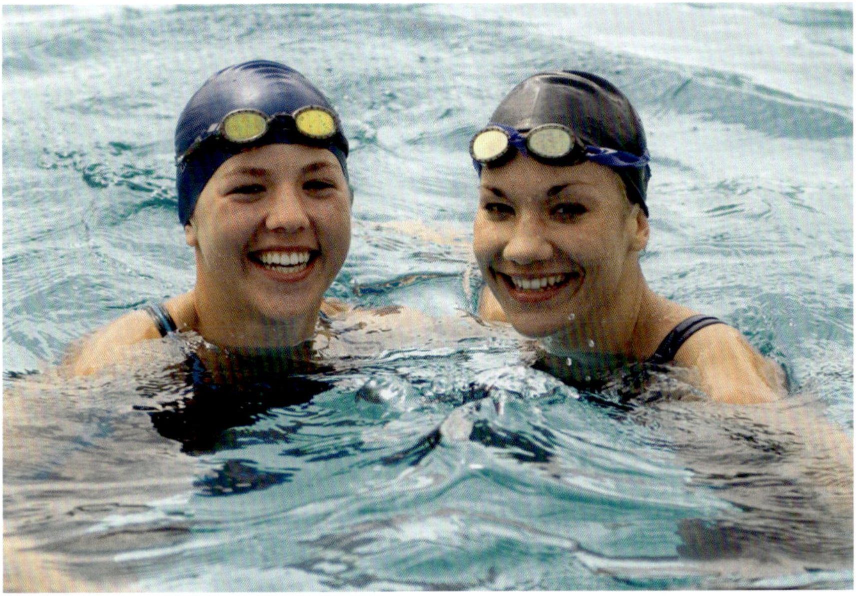

Abb. 66 Viel Spaß im Nass

⇛ Die **körperliche Belastung** sollte beim Neulernen gering bleiben: Also kurze Schwimmstrecke, längere Pausen und viele Wiederholungen anbieten.

⇛ Korrekturanweisungen sollen immer auch **erklärt** werden: „... die angewinkelten Unterschenkel bremsen, weil ..."

⇛ **Vereinfachungsstrategien** erleichtern den Kopplungserwerb: z. B. Delfinbewegungen mit Kraulbewegungen (einarmig) oder Brusttauchzügen (hier: nur Armbewegung) schwimmen.

⇛ Der Trainer wählt verschiedene **Instruktionsmodalitäten,** um das Bewegungslernen zu unterstützen:
- akustisch: Anweisungen und Rhythmusgebung,
- visuell: Demonstration,
- taktil und kinästhetisch: mit Flossen die Delfinbewegung üben,
- mental: Peter stellt sich die Bewegung vor, lenkt seine Aufmerksamkeit auf bereits erfahrene Bewegungsempfindungen.

⇛ Es ereignen sich beim Lernen **Interaktionen:** u. a. zwischen Trainer und Peter, Peter und Sonja.

⇛ Gelungene Versuche werden immer wieder **verstärkt:** „Ganz prima!"

⇛ Die Lernepisode verdeutlicht aber auch, dass sich beim Lernen Emotionen verändern: Peter ist mit sich zufrieden, nachdem er seine Technik verbessert hat und über eine längere Strecke Schmetterling schwimmen kann, denn er hat seinen Handlungsspielraum erweitert und sein Selbstwertgefühl gestärkt.

10 Im Tiefwasser schwimmen lernen

Für die Schwimmsituation Tiefwasser werden nur die Anforderungen von **SwimStar Grün** und **SwimStar Türkis** der Bewegungssituation Tiefwasser angepasst, d. h. ab **SwimStar Blau** werden im Tiefwasser die Übungsformen vom Flachwasser gefordert.

10.1 SwimStars – Anforderungen im Tiefwasser

SwimStar Grün im Tiefwasser

⇛ In Bauchlage im tiefen Wasser (Schwimmlehrer sichert im Wasser) von der Beckenwand zur Leine (zwischen Bahn 1 und Bahn 2), d. h. 2,50 m „Schwimmstrecke" gleiten.
⇛ In Rückenlage im tiefen Wasser von der Beckenwand zur Leine gleiten.
⇛ Sprung (aus Hockposition) vom Beckenrand zum Schwimmlehrer.
⇛ Am Beckenrand hängen, mit den Beinen strampeln, tief einatmen und große Blasen „blubbern" (5 × ohne Unterbrechung).
⇛ An der Leine hängen und unter der Leine 5 × durchtauchen (Schwimmschüler hält sich immer an der Leine fest).

SwimStar Türkis im Tiefwasser

⇛ Raddampfer bis zur Leine (zwischen Bahn 2 und Bahn 3), d. h. 5-m-Schwimmstrecke, Schwimmlehrer sichert im Wasser.
⇛ Ruderboot bis zur Leine (zwischen Bahn 2 und Bahn 3), d. h. 5-m-Schwimmstrecke.
⇛ Hubschrauber bis zur Leine (Bahn 2, d. h. 5-m-Schwimmstrecke)
⇛ Gleitsprung aus Hockposition vom Beckenrand mit Schwimmbrett zwischen den Armen oder mit einem Poolstick und bis zur Leine (2,5 m) gleiten.
⇛ Nach einem Gleitsprung aus Hockposition unter Wasser mit Kraulbeinschlag bis zur Leine tauchen (Arme in Vorhalte).

10.2 SwimStar Grün: Ausgewählte Übungsformen

⇛ Schwimmschüler (SchSch) „gleitet" vom Beckenrand aus dem Sitz ins Wasser in die Arme des Schwimmlehrers (SchL) oder „gleitet" vom SchL zum Beckenrand. SchL verändert die Entfernung vom Beckenrand in Abstimmung mit dem Schwimmschüler (SCH) immer wieder.
⇛ SchSch halten sich am Beckenrand und rotieren um die vertikale Körperposition: „Rücken zur Wand und dann Bauch zur Wand". Später in horizontaler Körperposition: „Bauch zur Decke und ins Wasser ausatmen und dann Rücken zur Decke".
⇛ SchSch hängen am Beckenrand und atmen immer wieder ins Wasser aus.
⇛ SchSch hängen in der Vertikalen am Beckenrand im Wechsel mit gebeugten Armen (Kopf über Wasser und Einatmung) und gestreckten Armen (kurzzeitig Kopf unter Wasser und Ausatmung).
⇛ SchSch probieren „Hubschrauber", „Raddampfer" und „Ruderboot" vom Rand zum SchL oder vom Rand zur Leine.

- ⇛ SchSch hangeln (immer wieder beide Hände mehr oder weniger lang vom Beckenrand lösen) sich im Wasser am Beckenrand entlang.
- ⇛ SchSch „katapultieren" sich mehrmals über Eck von der Längsseite zur Querseite des Beckens und zurück – „Katapultstrecke" verlängern.
- ⇛ SchSch halten sich der Leine fest und hangeln sich mehrmals unter ihr durch.
- ⇛ SchSch hängen an einer Poolnoodle oder zwischen zwei Poolnoodles und strampeln mit den Beinen (in Rücken und Bauchlage) und atmen immer wieder ins Wasser aus ...
- ⇛ SchSch „fahren" mit einer Poolnoodle und einem Poolstick Motorrad (vgl. Kap. 3).
- ⇛ SchSch spielt (spielen) auf einer Matte.
- ⇛ SchSch balanciert auf einer Poolnoodle (vgl. Kap. 3).
- ⇛ SchL sitzt am Beckenrand und schleppt den SchSch mit einem Seil (von der Leine zum Beckenrand) und SchSch atmet immer wieder ins Wasser aus ...
- ⇛ Mit Poolnoodle, mit Poolstick oder mit Schwimmbrett in Rücken- und Bauchlage strampeln.
- ⇛ Zum SchL vom Beckenrand springen (aus dem Sitz oder aus der Hocke).
- ⇛ Vom Rand zu einer Matte (SchL hält die Matte fest).
- ⇛ Vom Rand auf ein Schwimmbrett springen (SchL hält das Schwimmbrett und lässt vor der Landung des SchSch wieder los.).
- ⇛ Übungen in den Kapiteln 3 und 4 auswählen, die für das Tiefwasser geeignet sind.

10.3 SwimStar Türkis

Für SwimStar Türkis im Kapitel 4 Übungen auswählen, die für das Tiefwasser geeignet sind.

TopTipps für Tiefwasser

- ⇛ Für die SwimStar-Prüfung mit Leinen ein kleines Schwimmbad bauen: Leine z. B. zwischen Bahn 1 und 2 spannen und eine weitere Leine quer über die gespannte Leine legen (Abstand vom Beckenrand: 5 m). D. h. wir bauen ein kleines Schwimmbad mit einer Wasserfläche von 2,5 m × 5 m.
- ⇛ Schwimmlehrer ist im Wasser und unterrichtet maximal 3 Schwimmschüler (besser nur einen Schwimmschüler).
- ⇛ Ab SwimStar Blau werden auch im Tiefwasser die Anforderungen vom Flachwasser gefordert.
- ⇛ Schwimmlehrer sichert auch noch bei den Übungsformen und der „Prüfung" zum SwimStar Blau im Wasser.
- ⇛ Schwimmlehrer demonstriert immer wieder die von ihm geforderten Übungsformen.
- ⇛ Ab SwimStar Türkis die Technik- und Koordinationsübungen und Trainingsvorschläge der Kapitel 4 bis 9 auswählen.
- ⇛ TopTipps I bis VI (S. 33, 38, 39, 41, 48 und 103), die auch für die Tiefwasserbedingungen gelten, beachten.

11 Literatur

DSV (Hrsg.). (2005). *Wettkampfbestimmungen Schwimmen.*

Gildenhard, N. (1986). *Vielseitiges Anfängerschwimmen in Schule und Verein.* Schorndorf: Hofmann.

Hohmann, A. et al. (2003). *Einführung in die Trainingswissenschaft.* Wiesbaden: Limpert.

Neumaier, A. (2006). *Koordinatives Anforderungsprofil und Koordinationstraining* (3. Aufl.). Köln: Sport und Buch Strauß.

Reischle, K. (2000). *Schwimmen.* Frankfurt/Main: Diesterweg.

Reischle, K. (2005). *Bewegung und Spaß im Nass.* Stuttgart: Ministerium für Kultus, Jugend und Sport/Referat 52.

Reischle, K. & Kandolf W. (2011). *Wege zum Topschwimmer (Bd. 1): Grundausbildung und Grundlagentraining - die Basis der Trainierbarkeit.* Schorndorf: Hofmann.

Roth, K. (2005). *Wie erlernt und optimiert man komplexe sportliche Techniken?* Unveröffentlichtes Manuskript: Heidelberg: ISSW.

Rudolph, K. (2008). *Lexikon des Schwimmtrainings.* Hamburg: Präzi-Druck.

Wilke, K. (2007). *Schwimmen lernen.* Schorndorf: Hofmann.

11.1 Weiterführende Literatur

Bucher, W. (1982). *Schwimmen - leistend spielen, spielend leisten.* Schorndorf: Hofmann.

Bucher, W. et al. (2006). *1001 Spiel- und Übungsformen im Schwimmen.* Schorndorf: Hofmann.

Durlach, F. J. (1994). *Spielen - Bewegen - Schwimmen.* Schorndorf: Hofmann.

Frank, G. (1996). *Koordinative Fähigkeiten im Schwimmen.* Schorndorf: Hofmann.

Hirtz, P. (1995). Koordinationstraining gleich Techniktraining? In J. Krug & H.-J. Minow (Hrsg.), *Sportliche Leistung und Training* (dvs-Band 70) (S. 205-201). Sankt Augustin: Academia.

Hohmann, A. et al. (2003). *Einführung in die Trainingswissenschaft.* Wiesbaden: Limpert.

Maglischo, E. W. (2003). *Swimming Fastest.* Champaign: Human Kinetics.

Reischle, K. (1988). *Biomechanik des Schwimmens.* Bockenem: Fahnemann.

Wilke, K. & Madsen, Ö. (1997). *Das Training des jugendlichen Schwimmers.* Schorndorf: Hofmann.

Ungerechts, B. et al. (2002). *Lehrplan Schwimmsport.* Schorndorf: Hofmann.

Anhang

A Kennzeichnung der Teilbewegungen, Phasen, Anteile und Kopplungen

Armbewegung (K, R, S, B)
⇛ Zug-Druck-Phase (K, R, S) bzw. Zugphase (B)
⇛ Rückholphase

Beinbewegung (K, R, S)
⇛ Aufwärtsanteil
⇛ Abwärtsanteil

Beinbewegung (B)
⇛ Schlagphase
⇛ Rückholphase

Delfinbewegung (DBe)

Kopplungen
⇛ Arme/Beine
⇛ Beine/Atmung
⇛ Arme/Atmung
⇛ linker Arm/rechter Arm
⇛ Armbewegung/Rollbewegung

B Glossar

⇛ **Aktion**
Vom Schwimmer initiierte Bewegungshandlung.

⇛ **Automatisierung** (s. Abb. 7, S. 29)
Vervollkommnung motorischer Handlungen durch wiederholtes Üben ohne bewusste Bewegungsführung. Für das Automatisierungstraining ist die Weglenkung der Aufmerksamkeit bei der Bewegungsausführung kennzeichnend, z. B. mit einem Partner synchron Kraul schwimmen.

⇛ **Bewegung**
Von außen beobachtbare zeitlich/räumliche und zeitlich/dynamische Körper- oder Teilkörperbewegungen.

⇛ **Bewegungshilfe**
Personale (Schwimmlehrer oder Mitschüler) oder materiale Hilfe (z. B. Pullbouy, Poolnoddle, Poolstick, Schwimmbrett).

⇛ **Bewegungskopplung**
Das Zusammenspiel der Teilbewegungen von Armen, Beinen, Kopf und Rumpf.

⇛ **bpm (= beats per minute)**
bedeutet Schläge pro Minute und kennzeichnet das Tempo eines Musikstückes.

⇛ **Breakswim**
Arm- oder Beinaktionen werden unterbrochen.

⇛ **Delfinschießen**
Beidbeiniger Abstoß vom Beckenboden und Gleitphase an der Wasseroberfläche.

⇛ **Didaktik**
Theorie und Praxis des Lehrens und Lernens.

⇛ **Feinkoordination**
Zweite Phase des motorischen Lernens mit einer dem Leitbild weitgehend übereinstimmenden Technik.

⇛ **Finish**
„Endspurt", d. h. im Wettkampf der Bereich von 5 m bis 10 m vor dem Ziel bis zum Zielanschlag.

⇛ **Flacher und tiefer Delfinsprung**
Nach einem beidbeinigen Absprung vom Beckenboden eine möglichst lange Gleitphase an der Wasseroberfläche (flacher Delfinsprung) oder nach dem Absprung steiles Eintauchen und schnelles Auftauchen (steiler Delfinsprung).

⇛ **Grabstart**
„Greifstart" ist eine Startvariante vom Block, bei der beide Hände an die Startblockhalterung oder -kante greifen.

⇛ **Grobkoordination**
Erste Phase des motorischen Lernens. Die Bewegungsausführung ist noch unvollkommen und entspricht nur grob dem Technikleitbild.

⇛ **Hechtschießen**
Abstoß von Beckenwand und Beckenboden, d. h. ein Bein ist an der Wand positioniert und ein Bein am Boden.

⇛ **Instruktion**
Handlungsanweisung.

⇛ **Interaktion**
Kontaktaufnahme mit den Schwimmschülern bzw. Umgang der Schwimmschüler untereinander.

⇛ **Konditionstraining**
Training zur Verbesserung konditioneller Leistungsvoraussetzungen (z. B. Kraft, Ausdauer).

⇛ **Koordinationstraining**
Training der Trainierbarkeit, d. h. Training der internen Prozesse, die die Informationsaufnahme und -verarbeitung, die Bewegungsprogrammierung und -kontrolle bestimmen. Methodik: Eine beherrschte Bewegung unter Ausführungs- und/oder Informationsdruck ausführen. Die Bewegungswissenschaft unterscheidet (u. a. Neumaier 2006).

- **Allgemeines Koordinationstraining:** Wann? Grundausbildung. Was? Koordinationstraining mit sportart- und disziplinunspezifischen Anforderungen. „Es besteht zunehmend Zweifel an der Wirksamkeit eines allgemeinen koordinativen Fähigkeitstrainings für eine spezifische Leistungssteigerung (vgl. Hirtz, 1995, S. 206). Allerdings: Auf die Einbeziehung von allgemeinen, d. h. sportart- oder disziplinunspezifischen Anforderungen sollte im Koordinationstraining auf keinem Leistungsniveau verzichtet werden. Argument: „... Aufrechterhaltung einer umfassenden Funktionstüchtigkeit ... der sensomotorischen Zentren" (Hirtz, 1995, S. 159). Ein nur sportartspezifisches Koordinationstraining (= Anforderungstraining) könnte zu einer Desensibilisierung neuronaler Regionen führen, z. B. wäre dann das Erlernen neuer sportlicher Techniken oder Technikvarianten erschwert.
  Beispiel: Hopserlauf mit Armkreisen rückwärts oder gegengleich in verschiedenen Wassertiefen

- **Technikorientiertes (= sportartorientiertes) Koordinationstraining:** Wann? Grundlagentraining
  Beispiel: Teilbewegungen verschiedener Schwimmarten kombinieren (Komplexitätsdruck) oder Beinschläge in der vertikalen Position oder in Seitenlage ausführen (Situationsdruck).

- **Technikspezifisches (= sportartspezifisches) Koordinationstraining:** Wann? Grundlagen-, Aufbau- und Anschlusstraining.
  Beispiel: Schmetterling mit 3, 4 oder 5 Beinschlägen schwimmen (Komplexitätsdruck).
- **Koordinatives Spezialtraining:** Wann? Anschluss- und Hochleistungstraining.
  Beispiel: Nach Vorermüdung Teilstrecken des Wettkampfes mit Wettkampfgeschwindigkeit und Wettkampfrequenz schwimmen (Belastungsdruck).

⇛ **Naberwende**
Wende zum Wechsel vom Rückenschwimmen zum Brustschwimmen, die von dem amerikanischen Schwimmer John Naber kreiert wurde.

⇛ **Normal-0-Methode**
Gelenkwinkel beim aufrechten Stand (Extension der Gelenke) ist das Kriterium für die Nullstellung der Gelenke (Debrunner, 1971).

⇛ **Pointrace (PR)**
Sekunden- und Zugzahl werden addiert. Ziel: Beim Testschwimmen wird nach wirksamen Trainingseinheiten ein immer niedrigerer Betrag erreicht (z. B. 30 s und 25 Zyklen → PR = 55).

⇛ **Situation**
Gesamtheit der äußeren Bedingungen, die die Bewegung beeinflussen.

⇛ **Skullen (= paddeln)**
Armbewegungen im Wasser, bei denen Bewegungen quer zur Schwimmrichtung dominieren. Bei abgewinkelten Oberarmen Extension, Flexion und Rotation im Ellenbogengelenk (Handfläche wird immer in Bewegungsrichtung angestellt).

⇛ **Sportartorientiertes Koordinationstraining**
Schwimmartübergreifende Übungsformen, z. B. BAr + SBe oder RArDO + DAkRü.

⇛ **Stabilisierung**
Merkmal der dritten Phase des motorischen Lernens. Beim Stabilisierungstraining wird die Bewegungsausführung aufmerksam kontrolliert.

⇛ **Strokeindex (SI)**
Produkt aus Zyklusweg und Schwimmgeschwindigkeit. Ziel: Beim Testschwimmen wird nach wirksamen Trainingseinheiten ein immer höherer Betrag erreicht (z. B. 2 m x 1,5 m/s → SI = 3).

⇛ **Technikorientiertes Koordinationstraining**
Schwimmartspezifische Übungsformen, z. B. bei der Schwimmart Schmetterling und nach dem Ausheben der Arme in die Hände klatschen.

⇛ **Wettkampfsimulation**
Übernahme von Elementen des Wettkampfes (Schwimmgeschwindigkeit, Frequenz, Ausführung von Start und Wende, Anschlag) in das Training, in höchster Form als „Prognoseschwimmen". Mit der Zyklusfrequenz und der Schwimmgeschwindigkeit eines erfolgreichen Wettkampfes trainieren.

⇛ **Zyklusdauer**
Zeit für einen Schwimmzyklus. Ein Schwimmzyklus dauert vom Eintauchen des rechten Armes bis zum nächsten Eintauchen des rechten Armes (K, R, S) bzw. von der Einatmung bis zur nächsten Einatmung (B).

⇛ **Zyklusfrequenz**
Anzahl der Zyklen pro Zeiteinheit (in der Regel pro Minute).

⇛ **Zyklusweg**
Weg, den der Körperschwerpunkt pro Zyklus zurücklegt.

⇛ **>10 m**
mehr als 10 m.

⇛ **<10 m**
weniger als 10 m.

⇛ **2er-Zug, 3er-Zug**
Einatmung bei jedem zweiten (dritten) Armzug.